Quantum Mechanics

時間と空間を操る

「量子力学的」習慣術

村松大
Daisuke Mur

サンマーク出版

はじめに

この本は「うまくいかないあなたの人生を変える」ために書いた本です。

たとえば……。

努力しているのに結果が出ない。力を発揮できない。
そもそも自分には才能がない。だから希望や夢も持てない。
運がない。ツキがない。不幸な星のもとに生まれた。
置かれた境遇が悪すぎる。周りの人がひどすぎる。だから努力してもムダだと思う。

もし、ひとつでも思い当たるなら、あるいは、少しでもそう思うなら、この本を読んでみてほしいと思います。この本に書かれた内容を知ることで、そして実際にそれをやってみることで、あなたの人生は一変するからです。

そんなことはあり得ない。ムリに決まっている。

あなたがそう思われたとしても仕方ありません。

この世の多くの人は、努力している割には良い結果が出ないと感じ、自分の力を信じられずに夢をあきらめ、自分は運がないと思っている。そして苦境を受け入れてしまっているからです。あなたもそのひとりではありませんか？


でも、その現実は変えることができます。


なぜ、そんなことが言えるのでしょう？

それは、この本で話す内容が、**最新の科学をもとにした「真実」**だからです。

精神世界の話ではなく、**現実の世界をつくっている「仕組み」**だからです。


事実、私の塾に通う生徒たちや、私の勉強会に参加された人たちは、ウソのような好結果を出したり、苦境を一気に好転させたりしています。

じつは、私自身もそのひとりです。この理論を知る前は、人生のどん底に追いやられ、明日の見えない日々を送っていました。でも、この真実を知ってからは、現実が一変しました。

それはまるで魔法のようでした。

でも、魔法ではありません。

私は魔法を使ったのではなく、「量子論」とか「量子力学」と呼ばれる科学理論を学び、**それを現実の世界で実践しただけ**です。

もちろん、これは誰にでもできることです。

「世の中のすべてのモノ、コト、現象」は、「素粒子」が基となってつくられています。

たとえば、あなたが今手にしている「本」は、素粒子が集まってできたものです。

今読んでいるこの「文字」も、素粒子の集まりです。

意外かもしれませんが「読む」や「考える」という行為も、素粒子によるものです。

もちろん、あなた自身も「素粒子」の集合体です。また、「生きている」ということも、あなたを動かしているエネルギーも、素粒子の働きによるものです。

目の前に存在する、あるいは、目の前に出現する物体や事象のすべては、「素粒子」が集まり、組み合わせを変え、カタチを変えて、つくられているのです。

たとえるなら、それは粘土細工のようなもの。粘土は作り手の意思によって、自由にさまざまなカタチに変えることができますね。

素粒子の寄せ集めでつくられている現実の世界も、これと同じです。

あなたの現実は、あなたが思うようにつくり変えることができるのです。

こんな話をすると、かならず次のような反論が出てきます。

「だったらなぜ、これまでの私の人生はうまくいかなかったのか？」

「さんざん努力して、苦労して、それでもうまくいかなかったのに」

「そんな簡単に、思い通りになるわけがない」……と。

あなたがそう思うのはもっともです。

しかし、うまくいかなかったのは、あなたがこの理論と方法を知らなかったからに過ぎません。料理の仕方を知らなければ、どんなに良い材料をそろえても、どんなに努力しても、美味しい料理にならないのと同じことです。
正しい方法を知らなかったから、うまくできなかった。ただそれだけのことです。
量子力学を知り、正しい方法で実行すれば、その瞬間から変化が表れます。

この量子力学を基にした方法は、仕事も、お金も、恋も、人間関係も、どの分野にも使えます。

前著『「自分発振」で願いをかなえる方法』では、その理論に重点を置きましたが、今回はより具体的な「思考や行動の習慣」を紹介することにしました。
私の塾の生徒たちは、量子力学を知り、それを勉強や部活動などに生かしています。そして高い目標を次々と実現させています。

「量子力学」を使うと、何が変わるのか？
それは次の３つです。
「時間」と「空間」と「メンタル」が変わります。

なぜ、そうなるのか？　どうしたら、そうなるのか？

それは、この先をお読みいただくことにしましょう。

科学の最新理論なんて難しいのでは？

はい、でもご安心を。私は授業の合間にいつも小学生や中学生に話をしていますが、みんな理解してくれています。だから大丈夫です。

ただし、「ナナメ読み」でなく、少しじっくりと読んでみてください。

あなたを構成している素粒子は、その瞬間から変化し始めますよ。

村松大輔

第1章

15分でわかる「量子力学」の不思議な世界

――なぜ、思考が現実化するのか?

第2章

ゼロポイントフィールドとつながる方法
——なぜ脳力が高まるのか？

第3章

振動数を上げると思いが現実化する
——パラレルワールドの移動法

第4章

時間の流れを加速させて成果を上げる習慣

――「時間をズラす」量子力学の方法

第5章

「空間」を味方にする習慣

——環境を変えて能力を最大化させる

第6章

量子力学的メンタルの習慣

――最高の結果を出し続ける方法

装丁　萩原弦一郎（256）
本文DTP　朝日メディアインターナショナル
構成　山城稔（BE-million）
校閲　株式会社ぷれす
編集　新井一哉（サンマーク出版）

第1章

15分でわかる「量子力学」の不思議な世界

——なぜ、思考が現実化するのか？

まずは「量子力学とは何か？」を知ってもらいます。
「難しそう！」と身構える必要はありませんよ。
「難しそう！」と思った瞬間に、頭に入ってこなくなります。
逆に、「なになに？」と、ワクワクしながら読むと、不思議と頭に入ってきます。
あなたが「どう思うか」という「意識」によって、現実は変わるからです。
常識が通用しない不思議な「量子力学の世界」に入っていきましょう。

15分でわかる量子力学①

あなたの体は「小さな粒の集合体」でしかない

量子力学とは「目に見えないほど小さい世界」を解明するための学問です。

量子という「ミクロの世界」では、驚くことが起こります。この世界では、これまで科学者たちが長年かけて解明してきた法則や理論がまったく通用しなくなり、新たな研究分野が生まれました。それが「量子力学」なのです。

たとえば、ガラスのコップがあるとします。

落としたら割れてしまいますね。その破片をハンマーで叩《たた》くと、細かくなります。さらに叩いていくと、もっと細かくなりますね。どんどん叩き続けると、サラサラの粉のようになります。

ハンマーではこれより細かくできませんが、その「小さな粒」の一粒一粒は、さらに細かくできます。目に見えないくらいに小さくなった粒の世界が「量子の世界」です。

Artothek/アフロ

じつはコップだけでなく、すべての物体は、このように「小さな粒」が集まってできています。

私たちの体も同じです。**小さな粒が集まり、「人間の体」というカタチをつくっているわけです。**

たとえるなら、点描画のイメージです(絵：点描画家スーラの作品より)。

私たちの世界は、「物質でできた世界」なのですが、実際はこの絵のように、小さな粒が集まってできた世界です。

本当の粒は、こんなものではありません。目で見ることができない小さな粒で、もっともっと多くの粒が集まってできています。

15分でわかる量子力学②

小さな粒は何でできている？

次は、その「小さな粒」についてお話しします。

私たちの体を例にとりながら、小さな粒をどんどん細かく見ていきましょう。

手のひらを、よーく見てください。小さな粒が見えますか？

見えませんね。**本当は「小さな粒」の集まりなのに、小さすぎて見えない**のです。

私たちの体は、さまざまな「細胞」が集まってできています。その数、なんと37兆個！ものすごい数の細胞がうまく組み合わさって、私たちの体はできているのです。

そして、この37兆個の「細胞」を一つ一つ見ていくと、さらに小さな「分子」という粒の集まりになります。

分子は、カタチや大きさはいろいろで、0.0000001ミリ〜0.00001ミリと言われます。だから見えるわけがありません。

人間の体のもと

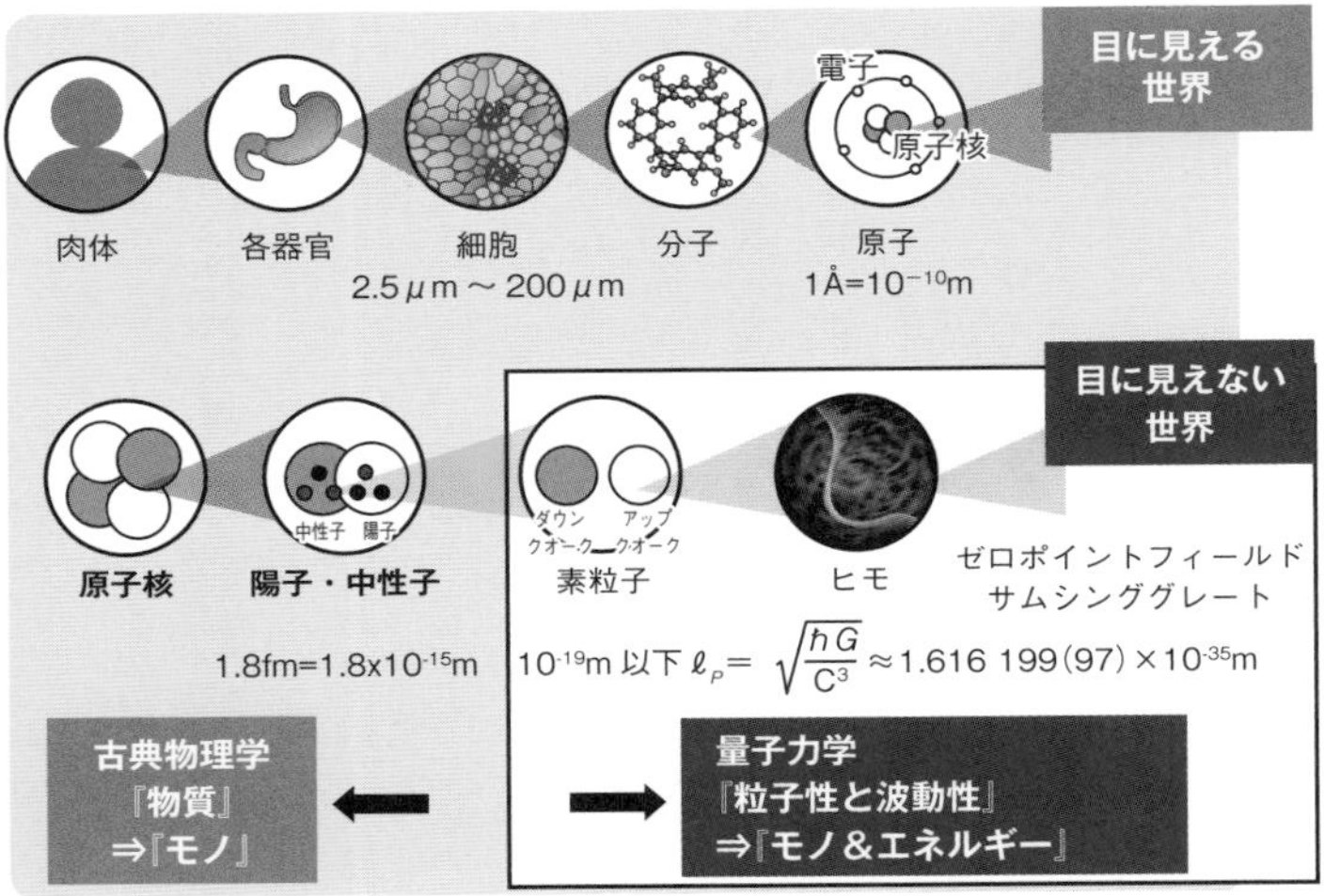

さらに、この「分子」を一つ一つ見ていくと、もっともっと小さな「原子」という粒の集まりになります。

「原子」には、炭素とか酸素とか水素とか、たくさんの種類があります。

たとえば酸素（O）と水素（H）が合わさると、水（H_2O）になりますよね。

私たちの体の場合はもう少し複雑で、炭素、酸素、水素、窒素、カルシウム、リン、カリウムなどの原子からつくられています。

膨大な数の「原子」が集まって「分子」となり、膨大な数の分子が集まって「細胞」となり、膨大な数の細胞が集まって「人体」となっているのです。

15分でわかる量子力学③

原子の中はスカスカ。だから私たちの体もじつはスカスカ

小さな粒を細かくして、「原子」までたどり着きました。

では、原子の中はどうなっているのでしょう?

原子の中心には「原子核」があります。これは「陽子」と「中性子」からできています。そして「電子」が飛び回っています。

この「原子の世界」は、次のようなイメージにたとえられます。

ひとつの「原子」が東京ドームくらいの大きさだとすると、「原子核」(陽子と中性子)はその真ん中に置かれたビー玉くらいのサイズ、「電子」はもっと小さい玉で、それが消えたり現れたりしながら、自由に飛び回っている。

これが「原子の世界」です。

さらに「陽子・中性子」の中に「クオーク」があります。

そして、この「クオーク」と「電子」が、物質の中で最も小さな粒です。これを「素粒子」と言います。粒の素なので「素粒子」というわけです。

原子の中は、小さな原子核がポツンとあり、ガランとした空間です。その広い空間を、小さな電子が飛び回っています。

これが私たちの体です。原子の中はスカスカなのですから、私たちの体もスカスカということになります。

15分でわかる量子力学④

素粒子を知ると、不確かな世界の秘密が見えてくる

もう少し厳密に言うと「素粒子」は17種類あるのですが、原子の中にあるのは「クオーク」と「電子」と「フォトン」の3つです。役割も性質もそれぞれです。**クオークは物質の素、電子は電気の素、フォトンは光の素になる粒子です。**

「電子」は、空洞の「原子」の中を、ふわふわと漂ったり、猛スピードで飛んだり、突然

消えたり、同時に数か所に現れたりします。つまり、「在る」のに「見えない」不思議な存在。それはフォトンも同じです。

私たちの体は、そんな不思議な「素粒子」からつくられているのです。

そう考えると、私たちの存在は幻影のようなもの、という気さえしてきます。私たちが、「確かだ」と思っていたこの世は、じつは「かなり不確かな世界」と言えそうです。

そして、この不確かな世界を知る手がかりが「素粒子」なのです。

素粒子は、私たちも含め、すべての物体の素です。つまり「素粒子の性質や動き」(量子力学)を学べば、「この世の秘密」(根本の仕組み)がわかってくるというわけです。

15分でわかる量子力学⑤

量子力学を応用すると、なぜ奇跡が起きるのか?

素粒子の世界は、これまでの物理法則がまったく通用しない「非常識な世界」です。

たとえば、私たちの世界では、「過去→現在→未来」というように時間は連続していますよね。でも、素粒子の世界には、時間という概念はありません。「今、ここ」にいた素粒子が、次の瞬間に「過去にいる」なんてことが起こります。

また、場所という概念もありません。「今、ここ」にいた素粒子が、「同時に別の場所にいる」ということもあり得ます。

このように「素粒子の世界」には、なんとも不思議な法則が働いているのです。

でも逆に、「この世の奇跡」と言われるような不思議な現象に、素粒子の法則を当てはめると、見事に説明がついてしまうことが多いのです。

「量子力学を応用すれば、奇跡を起こすことができる」と言われるのは、このためです。

本書も、そうした考えを基にしています。

私たちは、非常識な動きをする素粒子が集まってできた物体なのですから、その物体に「アンビリーバブルな奇跡体験」が起こるのは、当然と言えば当然のことです。

ちなみに、素粒子は「量子」とも呼ばれています。そして、この「量子」の不思議な働きを解き明かそうとする学問が「量子力学」というわけです。

まずは、素粒子の中でもとくに面白い働きをする「フォトン」について話しましょう。じつは、このフォトンこそが、「奇跡を起こすカギ」と言えるのです。

フォトンって何？①
すべてはゼロポイントフィールドから生まれる！

フォトンとは、「光の素粒子」のことです。「光子《こうし》」とも呼ばれます。

太陽やライトを見たときに、「まぶしい！」と感じますよね？

それは、フォトン（光の粒）が目に飛び込んでくるからです。

フォトンは、「電子」と同じ素粒子の一種です。

電子と同じように、あなたの中の原子内にもあるし、私たちの周囲にも存在します。もちろん、物体の中にもあります。

私たちには小さな「ミクロの世界」は見えません。もし仮に、素粒子まで見える「量子メガネ」があったとしたら、私たちの世界は「**モワモワの雲だらけ**」に見えるはずです。あなたも「モワモワの雲」ですし、私も「モワモワの雲」。空間も「モワモワの雲」。あなたが動くと、「モワモワの雲」がモワモワッと移動していく、そんなイメージです。

私たちは素粒子でできていますが、その素粒子がいる原子の中は空洞でしたね。それはただの空洞ではなく、**何もないのにエネルギーに満ちみちています**。

このエネルギーに満ちた場を「**ゼロポイントフィールド**」と言います。

ゼロポイントフィールドは大きな海のようなもので、そこから蒸発してくるモワモワの雲が「素粒子」だとイメージしていただけると、わかりやすいかもしれません。

ゼロポイントフィールドは「エネルギーの場」で、そこからフォトンや電子、クオークなどの素粒子が生み出されてきます。

つまり、**ゼロポイントフィールドは素粒子の発生源であり、すべての物質の源**なのです。

ゼロポイントフィールドは、私たちをつくっている原子の中に広がっています。いっぽうで、宇宙のすべてにも広がっています。

ちょっと理解しづらいと思いますが、これが「量子力学の世界」です。

フォトンって何？②
あなたの「意識」も「感情」もフォトンでできている！

ドイツの理論生物物理学者フリッツ＝アルバート・ポップ博士は、こう伝えています。

「意識とは光だ」と。

私たちの体の「細胞」の中には「原子」があり、そこからは「バイオフォトン」という、かすかな光の素粒子が放出されています。

それが私たちの「意識」だと博士は言います。「感情」も同じです。

意識も感情も目には見えませんが、その正体はすべて「フォトン」だとされています。

たとえば、私たちが「うれしい！」と思うと、全身をつくっているモワモワの雲の中で「うれしいフォトン」が飛び交います。

「不安だ！」と思うと、全身のモワモワの雲の中で「不安なフォトン」が飛び交います。

同時に、そのフォトンは周囲にも飛び出していきます。

フォトンって何？③
この瞬間もあなたから「粒」と「波」が飛んでいる

フォトンは、どんな状態で出るのでしょう？

フォトンには、「粒」でもあり「波」でもある、という性質があります。

感情や意識もフォトンでできているのですから、たとえばうれしいときは、「うれしいフォトンの粒」と「うれしいフォトンの波」が同時に出ます。

あなたが発した「粒」や「波」は、当然、周囲にも影響します。


こんな経験はないでしょうか？　すごくうれしそうにしている人とすれ違ったとき、思わず、あなたまでうれしい気持ちになった……。

これは、その人が「うれしいフォトン」を発していたからです。その人の粒と波があなたに伝わり、あなたはそれに同調して思わずうれしくなったのです。

あなたが「うれしい」ときも、これと同じことが起こります。感情はフォトンですから、モワモワの雲の中で「うれしいフォトン」が出現し、飛び交います。その「粒」は外に飛び出るし、「波」は発振されて外に広がっていきます。相手はそれを受けて、うれしい気持ちになります。

これは人だけに影響するわけではありません。すべての物質や事象は、素粒子でできているのですから、**あなたの発したフォトンは、物質や事象に影響を与えます。**

たとえば、古今東西の成功者たちは、判で押したように「強く思ったことは現実化する」と口にします。じつはこれも、彼らが発したフォトンの影響だと考えられます。「強い思い」を持ち続け、粒と波を発し続けた結果、それが周囲に影響を及ぼし、カタチとなって現れたのです。

フォトンって何？④

『鬼滅の刃』の「全集中」をフォトンで説明すると？

二〇二〇年に大ヒットした『鬼滅の刃』は、主人公・竈門炭治郎《かまどたんじろう》をはじめとする鬼殺隊のメンバーが鬼と戦う話です。鬼たちは、すごい速度で動いたり、異空間から攻撃してきたりしますが、炭治郎たちは「全集中の呼吸」で、鬼をやっつけていきます。

じつはこの「全集中」、フォトンの波の性質で説明できるのです。

たとえば、集中しているとき、あなたの意識はどうなっているでしょうか？

意識はフォトンでしたね。「粒」でもあり「波」でもあります。

集中しているときは、粒も波の数も多く出ています。

次ページの図の①のような感じです。②に比べると、波の数が多いのがわかりますね。

この①のように波の数が多い状態を**「振動数が高い」**と言います。②は波の数が少ない

意識には振動数がある！

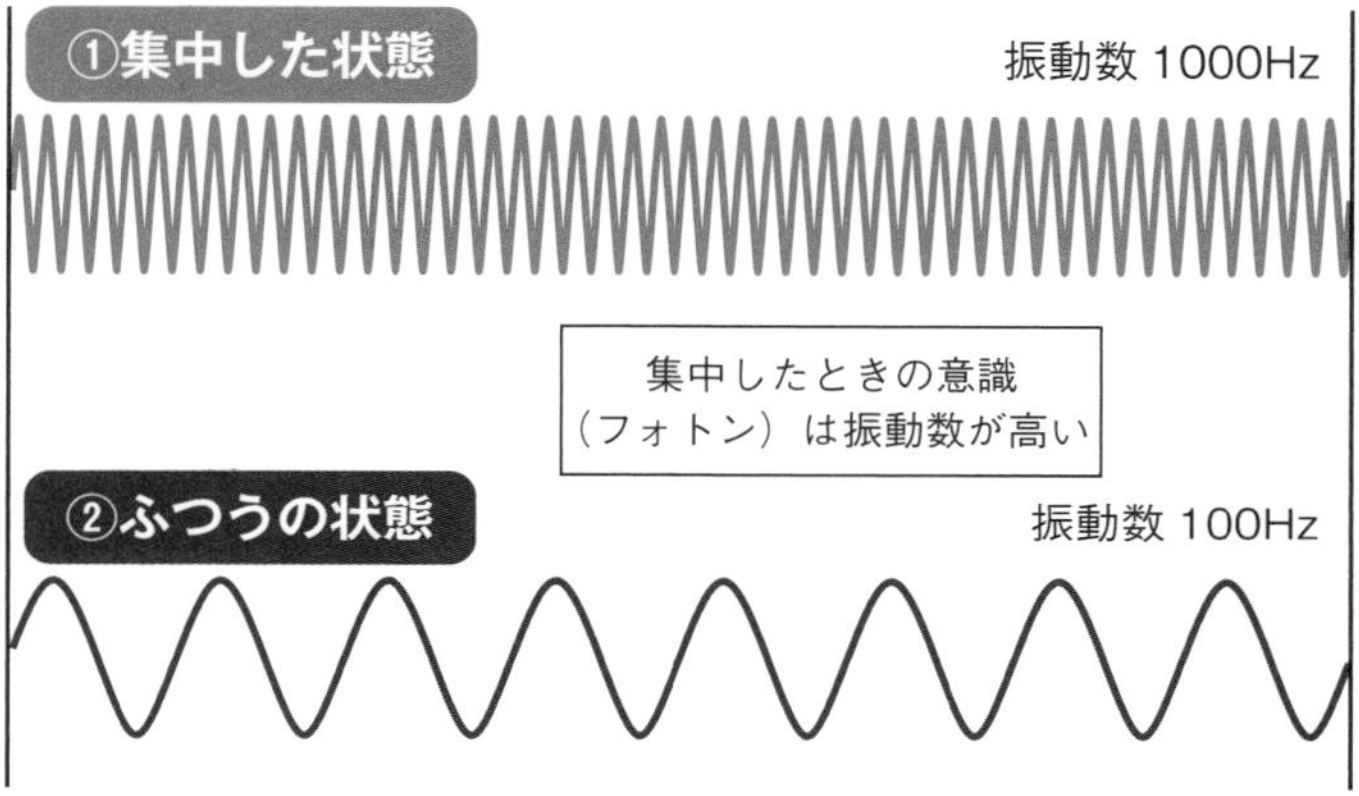

10倍集中するとそれだけたくさんのことがこなせる！

ので「振動数が低い」と言います。

そして、1秒間に出る波の数を「振動数」とか「周波数」と言います。このときの単位を「ヘルツ」と言い、「Hz」と書きます。聞いたことがありますよね。

「振動数100Hz」というのは、「1秒間に100個の波が走った」ということです。波の数が多いほどエネルギーも高く、より多くの情報が込められていることになります。

たとえば、意識の集中度が「高いとき」と「低いとき」を比べるとどうなるでしょう？

意識はフォトン（粒と波）ですから、集

中度の高いほうが「振動数が高く」なります。多くのエネルギーが詰め込まれた状態です。情報も多く畳み込まれています。

逆に、集中度の低いときは「振動数が低く」、エネルギーや情報も少ない状態です。

同じ時間内にできることは、当然ながら違ってきます。

たとえば、意識が「1000Hz」ならば、1秒間に1000個のことを処理できるのに、「100Hz」だと、1秒間に100個のことしか処理できない、というわけです。

炭治郎たちがやっている「全集中」とは、意識を高めて「振動数」、つまり「周波数」を上げることだと考えれば、超人的な力が出ることも納得できます。

「全集中」によって、鬼よりも高い振動数（Hz）になったとき、鬼の攻撃がゆっくりに見えたり、よりエネルギーの高い攻撃をしたりできるわけです。

フォトンって何？⑤

ポジティブな感情ほどフォトンは強く濃く伝わる

集中度が高いときには、フォトンの振動数が高くなり、多量の「粒」が飛び出す。

これと同じように、あなたの感情によっても、フォトンの状態は変わります。

たとえば、「うれしいとき」のフォトンは5万Hz、「くやしいとき」のフォトンは500Hzというように、「ポジティブな感情」のほうが振動数は高くなります（数値はあくまでも仮です）。つまり、波の数は多くなります。

ネガティブな周波数の波からは、ネガティブな物質化が起こり、ポジティブな周波数の波からはポジティブな物質化が起こります。

それは次のような感じです。頭の中でイメージしてみてください。

静かな水面に小石がポトンと落ちると、小さ

な水滴が上がり、水面には波紋が広がっていきます。石が大きければ、強い波ができ、それが広がっていきます。

そして、フォトンの粒の量によっても、物質化の生じ方は変わってきます。

たとえば、フォトンの粒が１００粒なのか、１万粒なのかで実現のしやすさが変わります。粒が多ければ多いほど、実現しやすくなるのです。

あなたが「１万粒のネガティブなフォトン」と「１００粒のポジティブなフォトン」を出しているとしたら、ネガティブがより実現しやすくなります。

逆に、「１万粒のポジティブなフォトン」と「１００粒のネガティブなフォトン」を出しているとしたら、ポジティブがより実現しやすくなります。

この粒の量は、「どれだけ長時間思っていたか」「どれだけ強く思っていたか」で変わります。**長時間思ったり、強く思ったりするほど、フォトンの粒の量が増えていくのです。**

フォトンは「光の粒」なので、そのまま物質になるわけではないのですが、電子の状態を変えていきます。電子はあちこちに同時に存在したりする不確かな存在でしたね。

でも、意識をすると、フォトン（光の粒）がそこに照射された状態になります。すると、不確かだった電子が「確かな存在」になるのです。つまり、物質化をするわけです。

フォトンの粒が多いほど、物質化は進んでいきます。

このように、フォトンの波も粒も、あなたの「意識」によって変わります。

すなわち、**あなたの意識こそが物質化の発振源**であるというわけです。

「思考」と「物質化」の間には、このような目に見えないフォトンが働いていたのです。

「思いは実現する」とか「願えば叶う」とは、これまでにもよく言われてきたことですが、それは精神的なものではなく、素粒子によってつくられる科学的な事象だったのです。

本書を読み進み、理解が深まっていくと、あなたの意識は変わります。そして、あなたの「思い」や「願い」は、カタチを伴って「現実化」していくのです。

この章の最後にひと言、お断りをさせていただきます。

量子力学を学ばれている方は、「あれ？　素粒子はさらに超ヒモ理論の『ヒモ』だよね？」と思われたのではないでしょうか？

ご指摘の通りで、現在言われている「17の素粒子」はみな「エネルギーのヒモ」でできている、と仮定されて宇宙の話が進んでいます。そのヒモは「ゼロポイントフィールド」から瞬間瞬間、現れては消え、消えては現れている存在です。そのヒモそれぞれが素粒子になっています。

しかし、その「ヒモ」を登場させると混乱をきたすことになるので、本書では割愛させていただきました。どうかご了承ください。

第2章

ゼロポイントフィールドとつながる方法

——なぜ脳力が高まるのか?

自分でも意外なほど、力が出ることがありませんか。
ふっと直感のようなものが下りてくることもありますよね。
それらはいったい、どこから来るのでしょう？
秘密は「ゼロポイントフィールド」にあります。
どうやら私たちはこの「無限大の場」とつながっているようなのです。
これを知ると、勉強やスポーツでの成績が飛躍的に上がります。

なぜ勉強もスポーツも驚くべき結果が出るのか?

「数学38点だった僕が8か月で91点に!」「全国偏差値84・9!」「校内偏差値103・9!」「関東大会優勝!」「東日本大会準優勝!」……。

これらは私の塾の生徒たちが起こした現実の例です。

勉強だけでなく、運動や芸術・文化の面で成果が上がるのも、私の塾の強みです。

私は、生徒たちの点数や順位だけを重視しているわけではありません。というより、それは二の次で、本当に大事にしているのは、**メンタル面の成長**です。点数や順位は、あくまでも**心が整ったことによる結果**でしかありません。

もう、感動的な生徒だらけです。たとえば、偏頭痛に悩まされていた子がメンタル面を整えて生徒会長になった。親を亡くして困窮していた子が自力で大学院まで行った。算数で「わかんない！」を連発していた子が県大会で優勝した。不登校だった子がロボットコンテストで入賞し、高校に通学しながら企業の手伝いをしている……。このように、自分の力で道を拓いていく子が多いのです。

私の塾では、何をしているのでしょう？

もちろん、勉強を教えています。でも同時に、量子力学も教えています。この本で紹介するような話を、毎日少しずつ生徒に話しているのです。

それによって生徒たちの意識が変わります。すると、フォトンが変わり、振動数が変わります。その結果、現実が変わってくる、というわけです。

「意識の全集中」で奇跡だって起こせる

前章では『鬼滅の刃』の「全集中」を、フォトンによって説明しました。

でもそれは、漫画や空想の話ではありません。

現実の世界で、本当に起こり得る話です。

「ゾーン」という言葉を聞いたことがあるでしょうか？

自分でも説明のつかない「超人的な感覚」のことです。

たとえば、ボールがスロー再生のように見えた、楽器の演奏時に手が勝手に動いた、というような不思議な現象です。塾の生徒にも、そのような体験をした子が何人もいます（第3章で紹介します）。


なぜ、こうした感覚や現象が起こるのでしょうか？

それは、**時間がズレたり、空間の密度が変わった**からに他なりません。

もう少し言うなら、それは**フォトンの性質を応用した**からなのですが、本人はそのことに気づいていません。

しかし、本書を読めば、それがわかってきます。

そして、実際に時間をズラしたり、空間の密度を濃くしたりできるようになります。

時間や空間を変えるのは、あなたが意識すればできることです。その結果、あなたは自分の得意分野で「突き抜けることができる」ようになるのです。

フォトンを上手に使えば、あなたの人生を好転できる

この本で話すことは、勉強やスポーツ、芸術に限りません。資格取得、趣味、子育て、料理、運転など、何にでも使えます。

自分も知らない能力が引き出され、人間的な魅力も発揮されて、仕事や対人関係でも、好結果が出るようになります。実生活の悩みも解消していきます。

うれしい実例を私はたくさん見てきました。

赤字続きの会社が対前年比12倍になった。3年間会話もなかった夫との仲が戻った。難病で歩行困難だったが歩けるようになった。不満だらけだった会社を辞めて独立し、天職を得て経済的にも順調になった、などなど、みなさんの人生が好転しています。

それこそ北は北海道から南は沖縄まで、また海外でも韓国、シンガポール、ドバイ、フィンランドなどからも、私の話を実践して好結果が出ていると、感謝の声が届いています。これらはすべてフォトンの働きによるものです。人生がうまくいかないのもフォトン、人生が好転するのもフォトンの影響なのです。

私が本書で話すことは「信じる、信じない」という類の話ではなく、物理現象です。「氷を温めると水になる」とか「水素と酸素が合わさると水ができる」などと同じレベルの話なのです。

フォトンは、あなた次第で、いかようにも扱えるようになります。

すると、時間や空間を操ることができたりします。たとえば、1時間を3時間のように使うことができたり、今いる空間が濃くなって、さまざまな情報がもたらされたりするようになるのです。

「時間」を早く進めたり、遅く進めたりできる

まずは、時間の感覚に関する質問です。

「あっという間に時間が経った」という経験をしたことはありますか？

おそらく、ほとんどの人が「はい」と答えるのではないでしょうか。ゲームをしたり、漫画を読んだり、夢中になって何かをしているときには、時間が早く過ぎますよね。

逆に、「時間が経つのが遅い。まだこんな時間か」という経験はありますか？

これも、ほとんどの人が「はい」と答えますよね。

私にも経験があります。高校の世界史の授業中に弁当をこっそり食べながら、「まだあと30分もある。退屈だな」などと考えていました（笑）。

つまり、何かに夢中になっているときは「時間が早く進み」、退屈だと思っているときは「時間が遅く進む」という現象が起きているというわけです。

もうひとつ質問です。

「時間が早い」と「時間が遅い」という違いは、どこから生まれるのでしょう?

これこそが量子力学。「ミクロの世界」が関係しているのです。

私たちの世界では「時間」はある程度、予測がつきます。

たとえば、私の住む群馬県の沼田市と東京都の練馬区は130キロほど離れています。

自宅から東京に行くときは「高速道路を使い、時速80キロで移動すると、練馬まで1時間40分ほどかな」と、おおよその時間がわかりますよね。

ところが、「ミクロの世界」では、この常識が通用せず、まったく予測がつきません。

たとえば、素粒子が「沼田―東京間」を移動すると、とんでもないことが起こります。

自宅を出たのと「同時」に東京に着いたり、「明日」に着いたりする。ひどいときは「3日前」に着いたりするのです。

えっ! 過去にも行くの? どういうこと?

はい。説明しましょう。

あなたは、昨日へ行くことができますか？

それはムリだと思うでしょう。

では、「昨日の夕飯は美味しかった」とか「イマイチだった」という記憶は思い出せませんか？

これが量子力学的な時間の感覚です。

「肉体」は昨日へ行けませんが、美味しいという「感情」は昨日へ行けます。

それは「感情」の正体が「フォトン」という素粒子だからです。

あなたは「今・ここ」にいるのに、感情のフォトンは「別の時間」とつながっていて、瞬間的にその間を行き来できる。

「フォトンには時間の概念がない」というのは、こういうことです。

そして、こうしたフォトンの性質を利用すれば、**「時間」を操れるようになるのです。**

なぜこの塾では成績が上がるのか？

私の塾では、点数を目標にしていません。でも、どんどん点数が上がっていきます。

テストで30点台の子が、数か月で70点台に上がります。

生徒は「70点を取ろう！」と点数を目標にしているわけではありません。テストが返却されてびっくりし、「70点も取れちゃった！」と私に教えてくれるのです。

なぜ、こういうことが起こるのでしょうか？


生徒たちに毎回やってもらっているのは、「脳のバージョンアップ」です。

脳のバージョンには、次のような段階があります。

①人間の努力レベル→②人間の天才レベル→③神ってるレベル

このようなバージョンがあり、それは自分次第で移行できることを説明します。

それが理解できると、生徒たちは「自分の脳もバージョンアップできる」と思うようになります。たったそれだけで、点数も自然に上がり始めます。

伸び悩んでいた成績が、なぜ突然上がるのか？

「シグモイド曲線」というグラフがあります（左ページの図）。

勉強やスポーツなど何にでも使えるグラフで、「時間によって能力がどう上がるか」を示すものです。

勉強もスポーツも時間と比例して伸びていけばよいのですが、なかなかそうはいきませんね。

スタート時はグンと伸びます。ゼロからのスタートなので伸びるのです。

シグモイド曲線

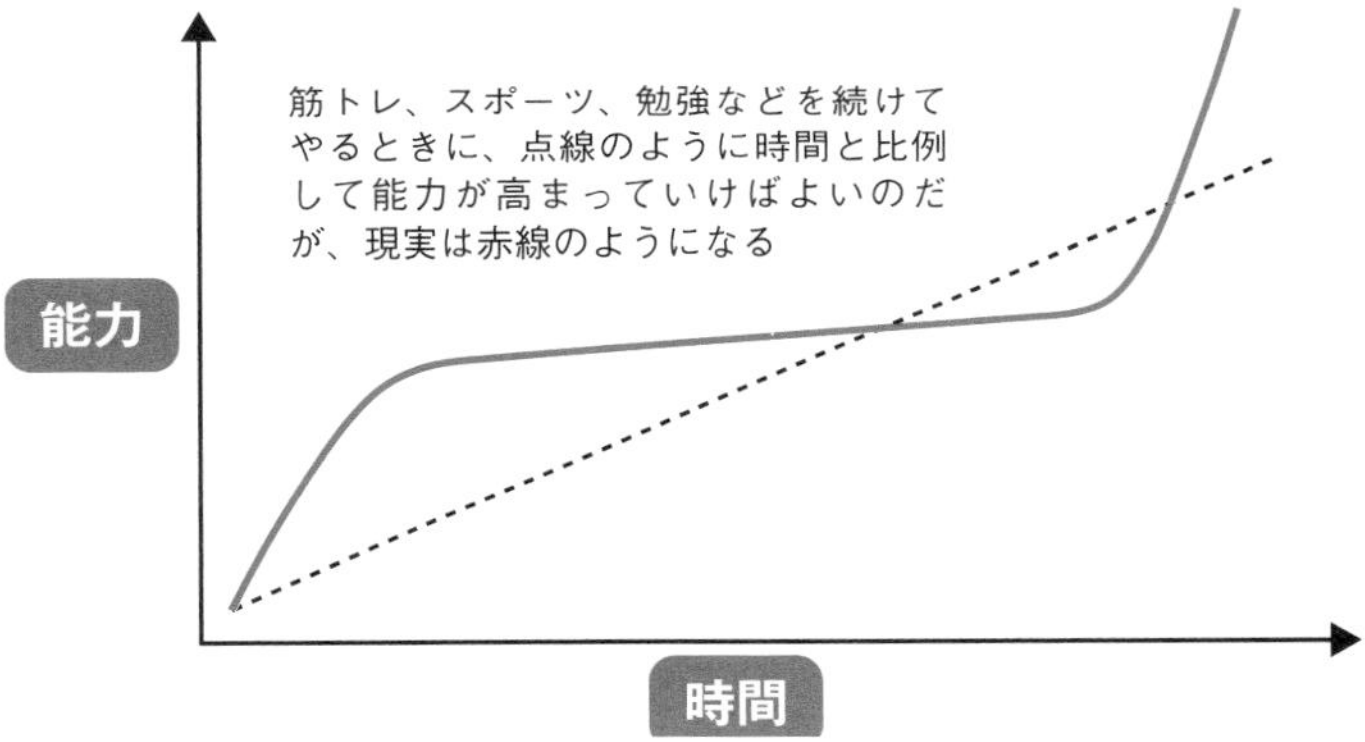
筋トレ、スポーツ、勉強などを続けてやるときに、点線のように時間と比例して能力が高まっていけばよいのだが、現実は赤線のようになる
能力
時間

でも、しばらくすると、伸びなくなります。「やっても成績が上がらない」「努力しても上達しない」という低迷期に入ります。

こうなると、「もうダメかも」とか「そもそも私には向いてない」とあきらめたり、ふて腐れたり、やめたりする人が出てきます。いわゆる「挫折」ですね。

でも、ここで折れずにコツコツ続けていくと、あるとき、急に伸び出す。

これがシグモイドさんの理論です。

なぜ、止まっていた成績がふたたび伸び始めるのでしょう?

ひと言で言うと、「脳が変わった」からです。「脳がバージョンアップ」したのです。

量子力学でそれを説明してみます。

量子力学で見る「脳のバージョンアップ」とは？

量子力学的に考えると、脳は、【人間の努力レベル】→【人間の天才レベル】→【神ってるレベル】へと変化していきます。

それぞれの脳のレベルは次のようになっています。

【人間の努力レベル】

やり始めると突然、伸びる段階です。脳内では神経細胞のニューロン同士がどんどんつながり、シナプスをつくっていきます。電気回路がつながっていくイメージです。電気回路がつながるほど、いろいろな部分と連携ができ、賢くなります。運動もできるようになります。しかし、回路が複雑に広がっていくと、伸びなくなります。周りの人との比較や競争、焦りなど余計なことを考え、集中できなくなり、伸び悩むのです。

でも、そこであきらめずにやっていると、電気回路は増えつつも整理されて、より多くの機能が働くようになります。そして低迷期を抜けることができます。

【人間の天才レベル】

「量子脳」という仕組みへと移行します。脳は髄液という水の中に浮かんでいますが、水全体を使うイメージになります。

【人間の努力レベル】では、電気回路をどれだけつなげられるか、どれだけ細かい網の目状の回路がつくれるかで賢さが決まっていました。しかし【人間の天才レベル】になると、その電気回路を丸ごと覆っている「水全体」を使うイメージとなります。

【神ってるレベル】

自分の脳力を超えた状態です。たとえるなら、自分の脳はスマホ（個人の端末）で、それがインターネットにつながっているイメージです。

すると、「直感ダウンロード」的なことが起こります。アイデアが湧いてきたり、ひらめきの行動がうまくいったり、ピンチのときに救いの手が入ったりします。

このレベルになると、脳がゼロポイントフィールドとつながるからです。

脳の使っている領域のイメージ

	使用領域	使用媒体	イメージ
人間レベル	シナプス	電気回路	つながった回路の本数
天才レベル	量子脳	髄液（水）	液体全体
神ってるレベル	ZPF	ZPF	宇宙全体

ZPF：【ゼロポイントフィールド】

シグモイド曲線と脳の相関イメージ

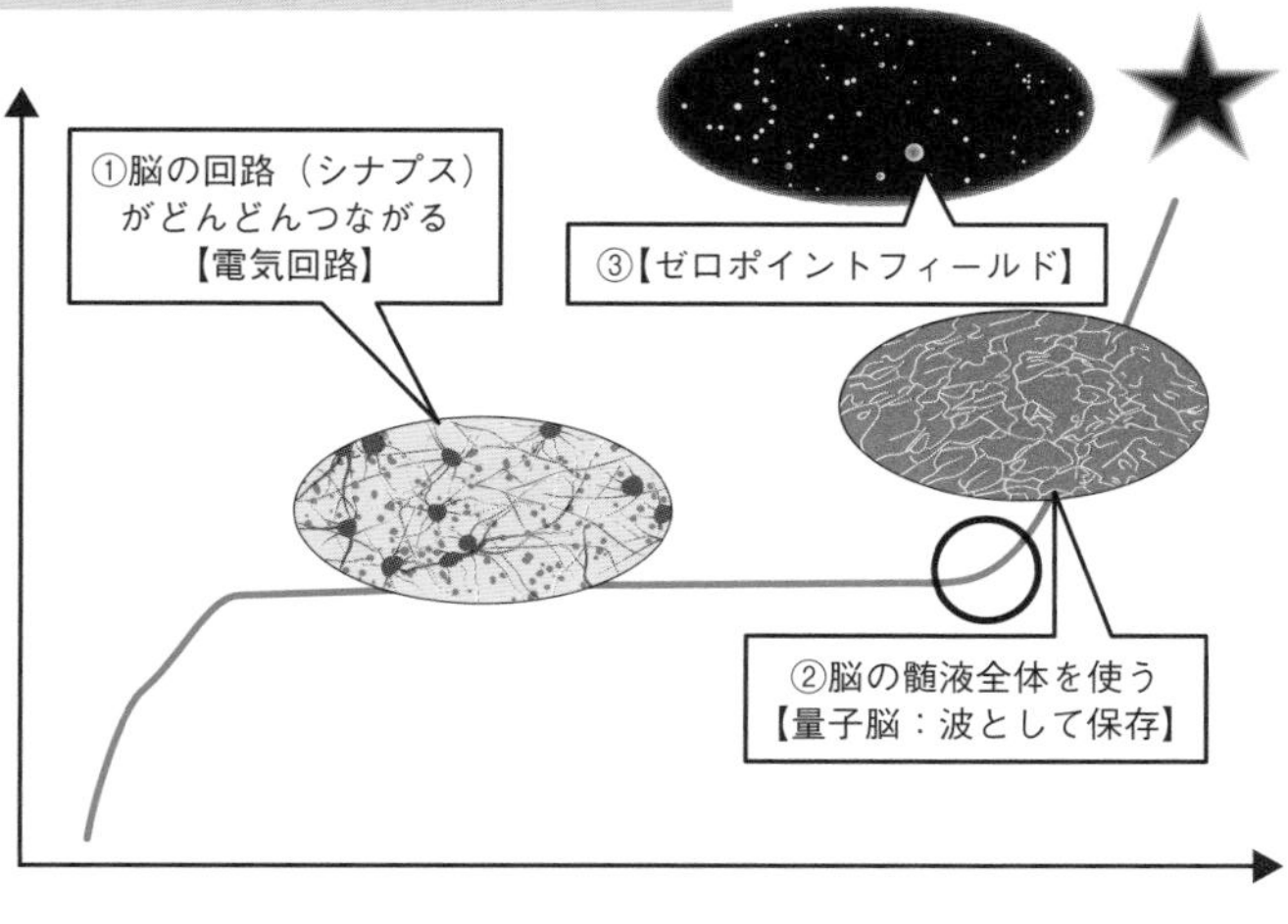

あなたも「神ってるレベル」になることができる

脳がゼロポイントフィールドとつながると、あなたも「神ってるレベル」になれます。

こう言われて、「はい、そうですか」とはなりませんよね。

どういうことか順を追って説明していくことにしますが、その前に「天才」と言われた人の言葉を紹介しておきましょう。

まずは、ノーベル物理学賞を受賞したアインシュタイン博士の言葉です。

「一人の人間は、我々が『宇宙』と呼ぶ全体の一部、時間的、空間的に制限されている一つの部分である」(『叡智の海・宇宙』アーヴィン・ラズロ著、日本教文社刊)

これは「宇宙」と「私たち人間」との関係について語った言葉です。

なんだか、わかるようなわからないような(笑)、ちょっと言葉が難しい。

では、これはどうでしょう。天才作曲家の**モーツァルト**の言葉です。

「(楽譜は)私が書いたのではない。向こうから聞こえてくる曲を、ただ書き写しているだけだ」

これならわかりますね。モーツァルトは曲をダウンロードするように受け取っていたのです。まさにこれが、脳とゼロポイントフィールドがつながった状態です。

スマホをイメージしてみてください。

あなたがスマホを持っていても、電波が届かない場所ではYouTubeは見られませんね。でも電波が届く場所だと見られる。

それと同じで、あなたの脳がゼロポイントフィールドとつながると、すごいことがあなたの目の前に現れるというわけです。

第1章でも話しましたが、ゼロポイントフィールドは私たちの「原子」の中にも広がっているし、宇宙のすべてにも広がっています。

つまり、**ゼロポイントフィールドは、あなたの中にあり、あなたの周囲にも満ちている**

のですが、あなたはそのことに気づきません。目には見えないし、手にも触れられないエネルギーや情報ですから、仮にその恩恵を受けたことがあっても、気づきにくいのです。

ゼロポイントフィールドと、どうすればつながれるのか?

どうしたらゼロポイントフィールドとつながることができるのでしょう?

たとえば「ゾーン」に入ったことのある生徒たちの体験談から考えると、次のようなときにつながりやすいと言えます。

「**楽しい! ワクワク!**」「**高い集中状態**」「**自分を生かす**」です。

ゼロポイントフィールドにつながることは、特別な体験ではありません。

私の塾では毎日のように、そして多くの子がそのような体験をしています。

たとえば小学6年生のNちゃんは、塾に来てから卓球でもメキメキ力を発揮するようになり、全国大会にも出場しました。

私は塾の生徒に「誰もがなんらかの分野で神ってるレベルになることができる」と伝えています。生徒が問題を解くたびに「おっ、いいね！　素晴らしい!!」「さすが○○ちゃん！　できるじゃん!!」と大きく褒めるようにしています。

すると生徒は「私も神ってるレベルになれる！」と思い始めます。こうなると成績がどんどん上がり、「ゼロポイントフィールドとつながった」と自覚するようになります。

卓球が得意なNちゃんは、塾で漢字ゲームをするときなどにはよく「ちょっと待って。今降りてくるから」と言い、ゼロポイントフィールドからの直感を待っています（笑）。

すべての人、モノ、現象がゼロポイントフィールドとつながっている

稲盛和夫さんをご存じですか？　京セラという会社の創業者であり、事実上倒産したJALをたった2年8か月で再上場させた、すごい経営者です。

稲盛さんは次のようなことを伝えています。

「画期的な発見や発明に於いて、人知れず努力を重ねている最中、あるいはふと休息をとっている時や寝ている夢の中で、まるで神様の啓示のごとく創造的なひらめきを与えられる瞬間がある。この宇宙には知恵の蔵、真理の蔵というものがあって、純粋な情熱を傾けて一心不乱に取り組むその真摯《しんし》な努力に対して、神様は知恵の蔵の扉を開き、一筋の光明がさすように、困難や障害を克服するヒントを授けてくれる」

まさに「神ってるレベル」の話ですね。もちろん稲盛さんは「神ってる」なんていう言葉は使いませんが、言っていることは同じです。

ビートルズのジョン・レノンも次のように言っています。

「僕が横になっているときにいきなり曲が『完全な形』で詩も旋律もやってくる。『曲を書く』なんて言えるかい？　座っていればいきなり曲のほうで押しかけてくるんだよ」

ちなみに「神」ってなんでしょうか？

アインシュタイン博士は「神」について、こんな話をしています。

「宇宙を支配する調和した法則の中で、私は毎日彼と対話する。私は畏怖に基づく宗教を認めない。我が神は、その法則を通して語りかける」

(『アインシュタイン、神を語る』ウィリアム・ヘルマンス著、工作舎刊)

アインシュタイン博士はまた、次のような言葉も残しています。

「人間は、自分の思考や感情を、他の部分からは独立したものとして経験するが、これは一種の錯覚、すなわち人間の意識が視覚によってだまされているのである」

(『叡智の海・宇宙』前掲書)

ちょっと言葉が難しいので、私流に訳してみます。

「私たちはひとりひとり、別々の人間のように見えている。しかし本当はすべてに広がった『ゼロポイントフィールド』から『今、ここ』に区切った部分が『あなた』なのだ。

私たちは、自分の思考や感情は自分の頭から出たものと思っているが、それは思い込みである。本当は『ゼロポイントフィールド』から受け取ったものだ。私たちは一見すると『個体』であるために、自分を独立した存在だと思い込んでしまっているのである」

もっと簡単に言えば、「私たちはゼロポイントフィールドの中の一部だ」ということです。「すべての人、モノ、現象はゼロポイントフィールドでつながっている」というわけです。

第3章

振動数を上げると思いが現実化する

――パラレルワールドの移動法

夢を実現させる人、夢破れる人。
両者の違いは、持って生まれた運命なのでしょうか。
いいえ、それは「意識」の違いです。
私たちは固有の振動数を持つ「不確かな存在」です。
悪い人生も良い人生も、どちらだって実現できます。
ひょいと違う世界にシフトする。
ＳＦではなく、現実です。

なぜあなたの目標はいつも実現しないのか？

第1章で「意識」や「感情」の正体は「フォトン」だと言いました。

フォトンには面白い特徴がありますが、そのひとつに「意識（フォトン）を向けたところの確率が1に偏る」というものがあります。

ちょっと難しいですね。わかりやすい例で話しましょう。

たとえば、あなたが「医者になる！」と言って、そこへ「意識」を向けると、「医者になる」が実現します。

え、ホント!?　医者になりたいと思えば、なれるの？

はい、なれます。

ただし、あなたがどんなフォトンを出しているかが重要です。

あなたが「医者になる！」と思っても、同時に「今は遊びたいな」と思っていたら、

「遊びたい自分」が実現してしまいます。

「意識を向けたところの確率が1に偏る」というところがミソです。これは逆に言うと、**「意識が分散していれば実現しない」**ということでもあるからです。

意識には、頭に浮かぶ「顕在意識」と、自覚していない「潜在意識」があるのはご存じですね。このふたつを比べた場合、潜在意識のほうがずっと大きいので、「潜在意識が実現する」ということが起こりやすくなります。

たとえば「医者になる」と思っていても、多くの場合、潜在意識には「医者になるのは難しい」とか「生活のために働かねば」といった意識が詰め込まれています。そして**「生活のために働く」という潜在意識の確率が1に近いため、それが実現してしまう**というわけです。

あなたの目標が実現しないのは、このような潜在意識があるからだと考えられます。

もうひとつ、目標が実現しない大きな理由があります。

それは**周囲の意識の影響**です。

「生活のために働く」という意識は、世間の多くの人が持っています。このため私たちの周囲には、そのフォトンが多量に飛び交っています。

仮にあなたが「医者になる」というフォトンを１００粒飛ばしても、潜在意識は「生活のために働く」というフォトンを１０００粒飛ばしており、これが周囲に飛んでいるフォトンと同調してしまいます。そうして「生活のために働く」が実現してしまうのです。

では、あなたの目標は実現しないのでしょうか？

そんなことはありません。**「意識を向けたところの確率が1に偏る」ようにすればよいのです。**

「絶対に医者になる」という強い意識を持ち続ける。

そして、同じ意識が飛び交う環境に身を置く。

すると、フォトンが集まる確率が限りなく１に近づき、目標は実現しやすくなります。

周波数帯を変えれば、どんな人生でも好転する

目標を実現するには、フォトンの「振動数」（周波数）も重要になります。

第1章でも、意識（フォトン）の振動数の話はしましたね。全集中をしているときなど、高い意識から発せられたフォトンは粒も多く、振動数（Hz）も高いという話です。

ここでは「パラレルワールド」の話をしながら、振動数への理解を深めていくことにしましょう。

私たちの周りには、無数の波が飛び交っています。私が発するフォトンの波もあるし、あなたが発するフォトンの波もあります。テレビ用やラジオ用の電波もあるし、インターネット用の電磁波もあります。

それらの波は、私たちの周りだけでなく、体の中も貫通しながら飛んでいます。

そしてどの波も、それぞれ個別の周波数（Hz）を持っています。

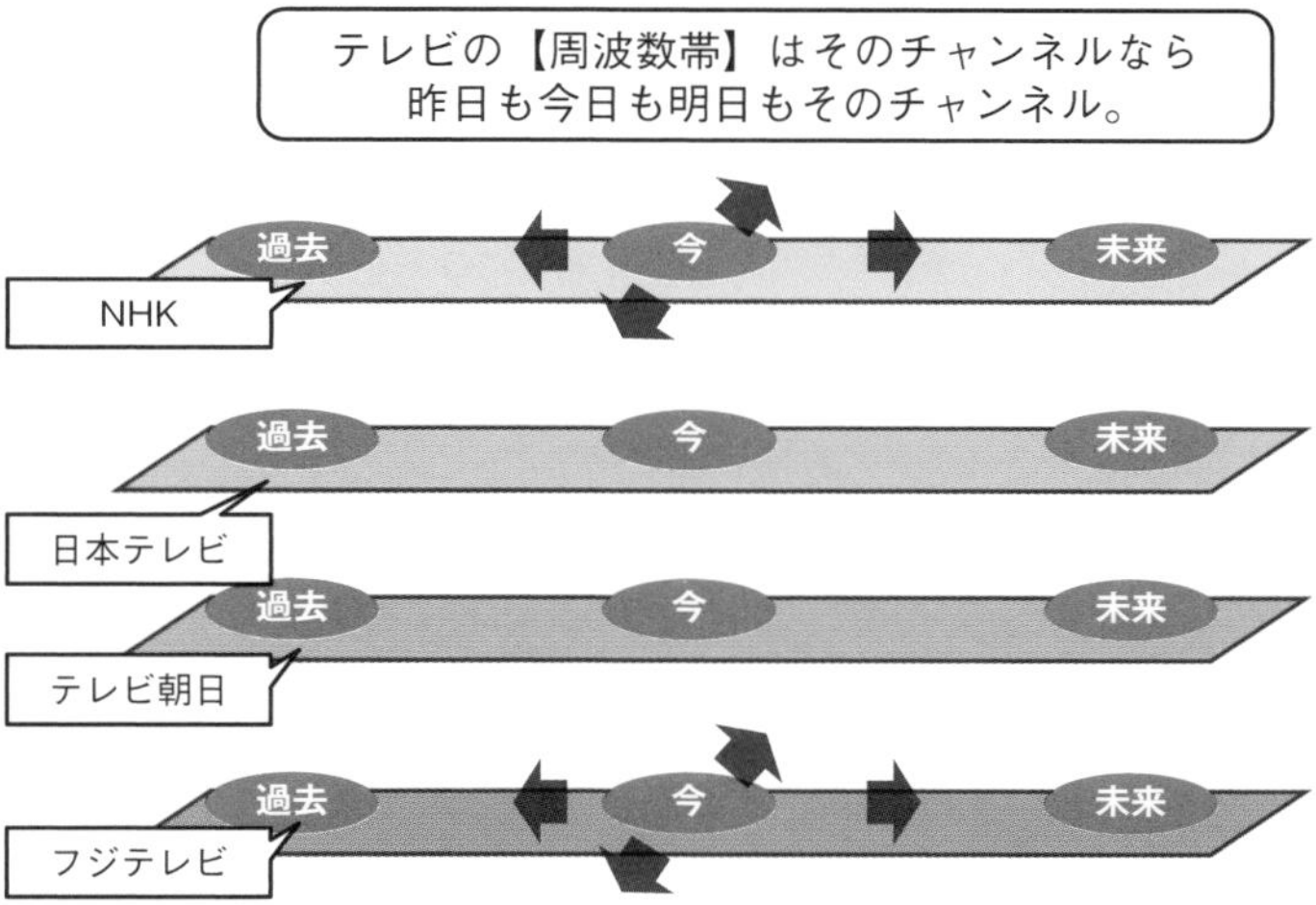
テレビの【周波数帯】はそのチャンネルなら
昨日も今日も明日もそのチャンネル。
NHK
日本テレビ
テレビ朝日
フジテレビ
過去
今
未来

たとえば関東では、ＮＨＫの電波は５５７（メガHz）です。日本テレビは５４５、フジテレビは５２１、テレビ朝日は５３９と、それぞれ周波数（Hz）が違います。

周波数が違うため、それぞれのテレビ局の情報を独自に流すことができます。チャンネルを「１」に合わせれば、５５７メガHzのＮＨＫの放送が映りますよね。チャンネルを変えなければずっとＮＨＫの番組が映ります。

ところがチャンネルを「８」にすると５２１メガHzのフジテレビに切り替わります。テレビの中は「ＮＨＫの世界」から「フジテレビの世界」へとシフトします。

これがいわゆる「パラレルワールド」で

す。**多数の世界が異なる周波数帯で同時に存在していて**、周波数を合わせると、その世界を見たり、体験したりできる。

じつは私たちの人生も、これと同じことが起こっているのです。

たとえば、あなたの周波数帯が**「不満Hz」**だとします。そのチャンネルを変えない限りあなたは昨日も今日も明日も、ずっと「不満Hz」の世界にいることになります。

でも、あなたが周波数帯を**「幸せHz」**に変えれば、その瞬間に「幸せHz」の世界にシフトします。今だけでなく、昨日も明日もそこにいられるようになります。

えー、ホント⁉

はい、本当です。量子力学的に見たら、これはリアルな現実です。

あなたは、NHKやフジテレビの電波が見えますか？　電波があなたの体の中を貫通しているのを感じますか？

電波は見えないし、感じることもありませんよね。

でも、テレビにはしっかりとNHKやフジテレビの映像が映っています。

世の中も、それと同じです。

あなたは合わせた振動数の世界に存在していて、そこで物質化を起こしています。

自分で合わせたチャンネルなのに、それに気づきません。そこが「自分の世界」だと信じて疑わず、「世界はそのひとつしかない」と思っているからです。

周波数帯を変えると、今も未来も過去も変わる

あなたがもし「人生がうまくいっていない」と感じるなら、今、あなたがいるチャンネルを変えなければなりません。今すぐ、別の周波数帯へとチャンネルを合わせるのです。

テレビやラジオ、インターネットの電磁波が多数飛び交っているように、この世界には、無数の「素粒子の世界」が存在しています。あなたはそれを知らないだけです。

パラレルワールドは、直訳すると「並行した世界」です。

その世界を移っていくのは簡単です。「意識」を変えるだけです。そうすればＮＨＫの放送からフジテレビに切り替わるように、あなたの現実の世界が変わります。

「幸せHzの世界」にシフトすれば「過去も未来もずっと幸せ」という状態になります。

えっ、過去も変わるの？

はい、過去も変わってしまいます。

身近な話として、親と子の問題を例として考えてみましょう。

わが子にやたらと口やかましく注意するお父さんやお母さん、いますよね。子のことを思えばこそ厳しくするのですが、子どもからすれば、とてもうざい。なかには「私のことを嫌いなんだ」と勘違いし、憎しみを抱く人さえいます。

でも、大人になると、親心が理解できるときがきます。この親子の葛藤は時代を問わないようで、室町時代にはこんな歌が詠まれています（『新後拾遺和歌集』前大納言為氏）。

垂乳根《たらちね》の ありていさめし 言の葉は なき跡にこそ 思ひしらるれ

垂乳根はお母さんのこと。「私をいさめる（欠点を注意する）母の言葉を、当時はうるさいと思っていたが、母が亡くなって、その言葉のありがたさを思い知った」という歌です。

親は私のことを心配し、成長を願い、その才能を伸ばそうとしてくれていた。そんな親心が理解できると、これまで自分に向けられた厳しさは「愛情だった」と気づくのです。

そのとたん、オセロの一列に並んだ黒い石が一気に白に変わるように、「憎しみHz」から「愛のHz」へとシフトしていきます。これまで抱いていた親への憎しみは、過去を含め、愛へと変わっていくのです。

つまり、別のパラレルワールドへと移ったわけです。

このように、意識（振動数）が変わったとたん、あなたの世界は変わります。今だけでなく、過去も未来も変わっていきます。

ここからは、自分の振動数を変えて人生を変えた人の例をいくつか紹介しましょう。

〈思考の物質化〉
「どうせムリ」というあきらめの世界からの脱却

40代男性のHさんが私のセミナーに来たのは、２０１５年の秋でした。

当時のHさんは転職して数年、「仕事は生活のため」と割り切り、妥協した日々を送っていました。上司は話もろくに聞いてくれず、同僚と愚痴を言い合う日々で、少し人生に投げやりになっていると、私は感じました。

ところがセミナーで私の話を聞くうちに意識が変わり、目標を持ち始めました。それは「知的障害の子の介護をしたい。そのための事業を始める」という具体的なものでした。

そしてある日、Hさんは自分の中で「足かせの外れる音」を聞いたそうです。Hさんは背中を押されるように走り出しました。介護の事業の準備を始め、会社を辞めたのです。

そのときの心境をHさんはこう振り返ります。

「私はやれる！　まだ45歳じゃないか。事業の資金は銀行に借りればよい、というふうに私の中から『足かせ』がどんどん外れていきました。でも本当は最初から『足かせ』なんてなかったのです。自己防衛、言い訳のために、私が私の心に『足かせ』をつけていたのだと気づいたんです」

Hさんの例はまさに「思考の物質化」です。

「素粒子」はゼロポイントフィールドから生まれます。ゼロポイントフィールドに、思考のエネルギーである「フォトン」をぶつけると、素粒子が生まれるのです。そして素粒子は物質化していきます。

これが「この世」の仕組みだと考えられています。

「どうせムリだ」という思考を頻繁にぶつけていれば「ムリ」が物質化します。ムリなことが次々と現実化し、それに我慢しながら生きる「あきらめの人生」となります。

しかしHさんのように**「私はやれる」という思考を強くぶつければ、それが実現するようにできています。**

Hさんは私のセミナーに初めて来てから2年後に、事業をスタートしました。

「介護を通して、その子の中のいちばん輝くものを引き出し、その子を『僕はここに存在してよかったんだ』という状態にできることが幸せで仕方ない」とHさんは語ってくれました。

ウォルト・ディズニーの有名な言葉に「If you can dream it, you can do it.」(夢を描くことができれば、実現できるんだよ)があります。

ウォルトには「大人も楽しめる夢のテーマパーク」への強い思いがありました。ディズニーランドをつくるために銀行に借り入れを申し込んだのは53歳のときです。しかし倒産経験のあるウォルトは、銀行に断られ続けます。その数なんと３０２回！　でもあきらめませんでした。そして３０３回目の申請でようやく融資を受けられることになり、ディズニーランドができあがったのです。ウォルト55歳のときでした。

この話は、私が大学受験の浪人中に、ラジオ英会話のテキストで読んだものです。とても励まされた私はそれを切り取り、英語の辞書に貼っていました。

「If you can dream it, you can do it.」

これは量子力学のレベルからも実証されています。

〈パラレルワールド〉

内にこもっていた世界からの脱却

セミナーにいらしたKさんは、見目形がとても美しいのですが、人と馴染《なじ》みにくく、打ち解けて話すことができない状態でした。

しばらくしてわかったことは、お父さまが自死されており、共依存関係にあった旦那さまも急死されていた、という事実でした。大変な人生を歩まれてきたのです。

私は彼女にパラレルワールドの話をして**「自分ほめ日記」**をすすめてみました。「自分ほめ日記」とは、自分のことを褒め続ける日記です。毎日、自分の良いところや頑張ったことを探し、「○○した私、えらいよね」「○○した私、よく頑張ったよね」と日記に書いていきます。この日記は、潜在意識で「自分を否定する人」にとても有効です。自分を認め、大切にするようになるからです。

Kさんは毎日「自分ほめ日記」を書き、私もそれを見せてもらっていました。すると少しずつセミナーの仲間との心の距離が近くなっていくのがわかりました。優しさや愛情深さ、内側から湧くエネルギーが増してくるのも感じました。

セミナーに初めて来てから8か月後、KさんはA社長と出会います。A社長はKさんの人柄を評価し「うちの会社で働いていただけませんか」と言ったのです。

Kさんは喜んでその申し出を受けました。当時、Kさんは契約社員で給与や待遇面の不満もありましたが、何より人から認められたことと、それを素直に喜べた自分がうれしかったのです。私はこんなアドバイスをしました。

「今の職場を退社するときは、深い感謝の心を伝えて巣立ちましょう。その感謝の深さによってパラレルワールドが決まり、次の会社人生がスタートします」

A社長はKさんを正社員として採用しました。残業はほとんどなく年収は20パーセント以上もアップ。伸び伸びと仕事ができる環境で、本来の自分を取り戻しています。

Kさんの意識が「不信Hz」「不安Hz」から「感謝Hz」へと変わり、パラレルワールドが移ったのですね。

今も書き続けているというKさんの「自分ほめ日記」には、こんな一文がありました。

「今は自己肯定感も上がり、とても生きやすくなった。自分のために本当によくやってきたね！　すごいよ、私！」

「なんかイヤなことがあっても、そこにフタをするのではなく、ていねいに向き合って、気づいて、感謝の言葉をかけて昇華させている私、素晴らしい！　どんどん成長できてるね！」

〈パラレルワールド〉

自分を喜ばせると振動数が上がり、才能が花開く

私たちは素粒子からできており、量子力学的には「モワモワの雲」のような存在です。

私たちだけでなく、この世のすべての物質がそうです。

あなたの「モワモワの雲」には、日頃の感情や出来事が刻まれます（雲状なので「刻まれる」というよりは「溶け込む」に近い感じでしょうか）。

「うれしい」「くやしい」という感情や、「大丈夫」「ウソついちゃった」「あの人が喜んでくれた」「自分から妹に謝った」などの出来事が刻み込まれ、あなた固有の「振動数」（Hz）となります。

これがあなたの「個人データ」、あなたの「魂」です。

そして、あなたの「周波数」（Hz）に相応するエネルギーや情報をゼロポイントフィールド側からもらっています。

ここでは「才能」と「振動数」（Hz）の話をしましょう。

誰もが、その人にふさわしい才能を持って生まれてきます。

絵の才能が開きそうな子は、その「振動数」（Hz）を持っています。その才能に対してゼロポイントフィールド側から同じ波（Hz）があふれ出れば、**その波は大きく共振し、才能が開花します。**それが「天才」と呼ばれる人たちです。


私の塾の生徒のMさんは実業高校に進み、フラワーアレンジメントで全国大会へ出場しました。Hさんは書道で全国総合文化祭の特別賞に輝きました。

ふたりはなぜこのように次々と才能を開花させられたのでしょう？

それは彼女たちが**「自分を喜ばせた」**からです。

「自分を封印しない」「自分を応援する」「自分を引き出す」、そして**「夢中になっていることに、すべてのフォトンを集中させる」**ということを意識してやってみたのです。

周りの人の力も大きかったと思います。

周りの人たちは「彼女を封印しない」「彼女を応援する」「彼女の力を引き出す」「彼女が夢中になっていることに集中させる」という環境をつくってあげたわけです。

もし、あなたが親なら、あるいは教員や指導者、先輩や上司や経営者なら、「相手を喜ばせる」「封印しない」「応援する」「集中させる」ということを意識してみましょう。

そうすることで、毎日少しずつ、相手の振動数（Hz）は高まり、パラレルワールドは上昇していきます。**相手だけでなく、あなた自身の振動数も上昇します。**

仮にパラレルワールドが一日に0・1段ずつ上がったとします。すると、10日後には1段上がり、1か月後には3段上がり、1年後には36段上がることになります。

こうなると、出会いの縁も、展開も、結果も、流れている時間や空間の濃さも、まったく違ってきます。そうして才能が大きく花開いていくのです。

〈パラレルワールド〉

自分を認めると振動数が上がり、相手が見える

少し私の話をさせていただきます。

私は37歳でうつ病を患うまで、「人の気持ちを理解する」ことが苦手でした。それは

「大きな欠陥」というレベルで、相手の真意をまったく汲《く》めないのです。

そのせいか、学生時代の勉強でも国語は壊滅的。センター試験の模擬試験では、小説0点、古文0点、漢文0点という「トリプル0」を達成したほどでした。

社会人になってからも、人の気持ちが理解できず、対人関係はどんどん悪化するばかり。そして私は次第に自分を責めるようになり、病院で「うつ病」と診断されたのです。

その原因は何か？　私は自分を深く見つめ直しました。

見えてきたのは、「つらいという感情を封印していた」「自分のことを褒めなかった」「いつも自分の心を叩《たた》いていた」ということでした。そこで、自分を認めてみることにしたのです。「これだけつらかったんだね」と素直に認め、自分の心を叩くことをやめました。

すると、世界がガラリと変わりました。自分の感情を理解したとたん、人の感情を理解できるようになったのです。

その変化には、当の私がびっくりしました。メールを読んだだけでも相手の感情の波を肌で感じる。相手が言葉を発しなくても、体から出る感情や心の奥に湧いたこと、気づきがあった瞬間に出る波などをリアルに受け取れる。それだけでなく、その人の過去や置かれた状況までわかるようになりました。

【パラレルワールド】:【周波数帯】の違い

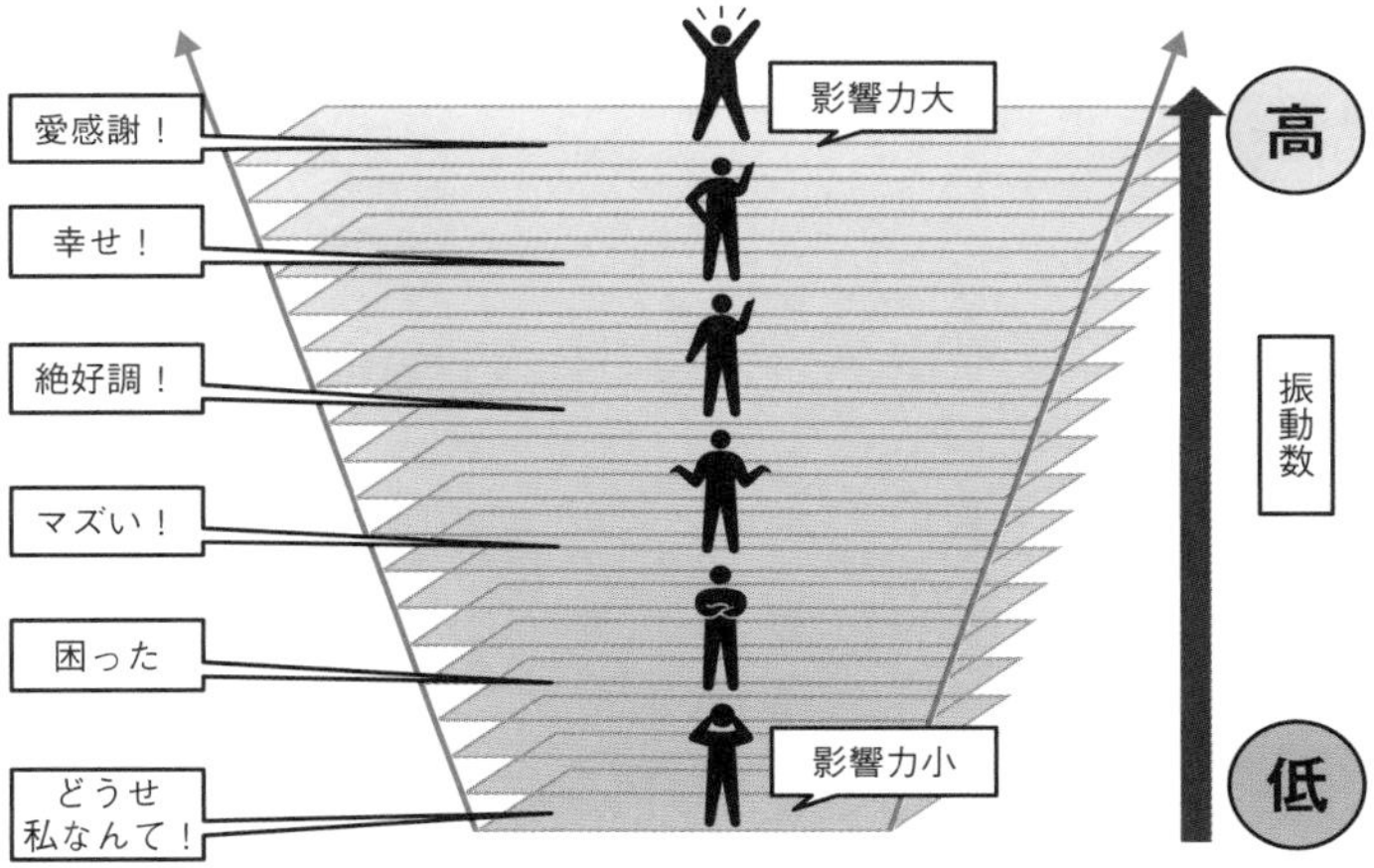

「この人は相当つらい経験をして今は輝いている。よくここまで切り抜けられたな」とか「この人は自分がまるで見えずに周りを批判している。家族ともうまくいってないな」という感じです。

意識のチャンネルを「自分へのダメ出しHz」から「自分を認めるHz」へとチェンジしただけで、このような急転換が起こるのですから「量子力学」の世界は本当に不思議です。

でも、考えてみれば、それは当然のことです。フォトンの波も、テレビやラジオと同じ電磁波だからです。フォトンは振動（Hz）の中に情報を乗せて運ぶ素粒子なのです。

テレビ局が発する電磁波がドラマやニュー

スを乗せて飛ぶように、私たちから出るフォトンにも情報が乗っているのです。

〈量子力学の復習〉

あなたが「神ってるレベル」になるために

理解を深めるために、いったん、ここまでの話を整理してみましょう。✓をつけながら読んでみてください。

□私たちは「素粒子」という小さな粒でできている。

□私たちだけでなくこの世のすべての物質や現象は「素粒子」でできている。

□意識や感情の正体は、「素粒子」の一種の「フォトン」である。

□「フォトン」は粒であり波である。だから外に飛び出ていく。

□ポジティブな意識を持続するほど「フォトン」の粒も増え、振動数も高くなる。

□「ゼロポイントフィールド」というエネルギーと情報が詰まった場所がある。

□「ゼロポイントフィールド」は私たちの中にもあるし、宇宙の中にも広がっている。

□「ゼロポイントフィールド」に意識（フォトン）をぶつけると素粒子が飛び出る。
□ゼロポイントフィールドにぶつけた意識の振動数（Hz）で現象が起こる。
□私たちはそれぞれが固有の振動数（Hz）を持っている。
□私たちはその固有の振動数（Hz）に応じた世界（パラレルワールド）にいる。
□私たちは違う「パラレルワールド」にシフトできる。
□「ゼロポイントフィールド」から各個人にふさわしいエネルギーや情報が注がれる。
これが量子力学で見た「この世の仕組み」なのです。

「神ってるレベル」の力を出すための3つのポイント

ここからは、あなたが「神ってるレベル」の力を発揮するための方法について話します。

「神ってるレベル」の力は、ゼロポイントフィールドに畳み込まれているものを引き出したときに起こります。

何を引き出すかは、あなたの自由です。

勉強、スポーツ、芸術の分野でも、仕事の能力でもかまいません。あなたが取り組んでいること、あなたが高めたいと思っている能力のすべてが「神ってる」状態になり得ます。

自分の振動数（Hz）を高めると、ゼロポイントフィールドの高い振動数帯からエネルギーや情報を引き出すことができます。それが「神ってるレベル」の力です。

野村総合研究所のデータによれば「2025年~2035年の10年間で日本の仕事の49パーセントが人工知能に取って代わられる」という予測がなされています。

呑気《のんき》に書いていますが、これはとても恐ろしいことです。人間の活躍の場が半分になるというのですから。悲観的に考えると、半分の人間が不要になるということです。

でも私は悲観していません。私たちには人間にしかない能力があるからです。

それが「神ってるレベル」の力ではないでしょうか。

たとえば「記憶する」という点では、人間は人工知能にかないません。でも私たちには、「ひらめき」とか「言葉の裏の真意を汲み取る」という力があります。**ゼロポイントフィールドから必要な力や情報を引き出す。**あるいは**そこに意識（フォトン）を当てるこ**

とによって物質化させる。私たちはこうした能力を備えているのです。

そして「神ってるレベル」の力を出すためのポイントは3つ。

「時間」と「空間」と「メンタル」です。

この3つを量子力学的に操れるようになると、あなたの振動数（Hz）はどんどん高まり、とんでもない力を発揮できるのです。

「時間」「空間」「メンタル」を操ると奇跡的な能力が出る

こんな経験はありませんか？

「やばい。残り5分しかない！」

「こんな大きな会場でうまくできるかな？」

あなたの能力を阻害する要因

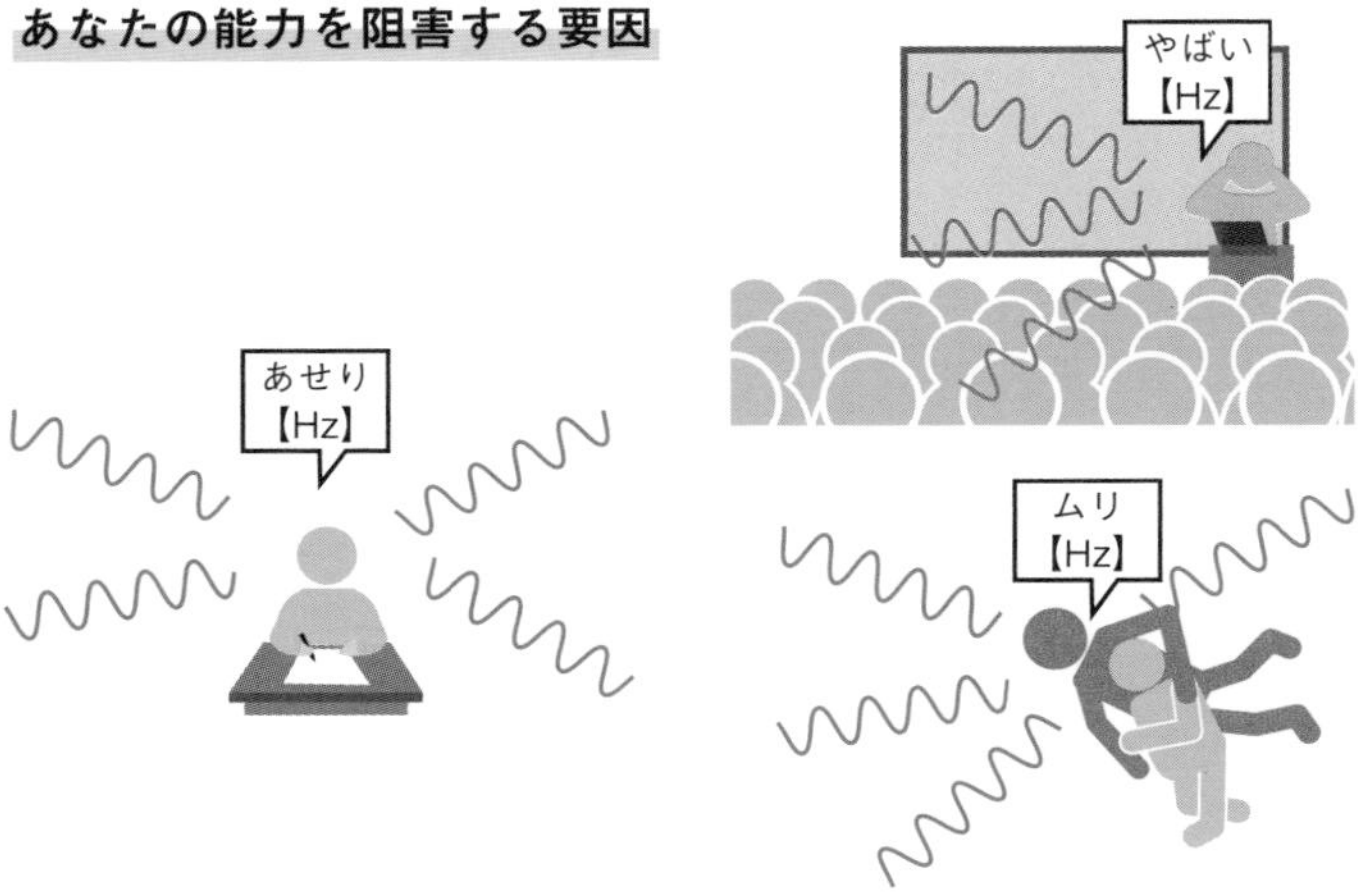

「わっ、強そうな相手。かなわないかも……」

こんなとき、あなたはどうしましたか。本来の力が出せなくなったりしませんでしたか。

上の図は「時間」「空間」「メンタル」が、あなたの能力を阻害した例です。

私たちは、自分では気づかぬうちに「時間」「空間」「メンタル」に縛られています。

これらを気にせずに行動できたら、集中が高まることは間違いありません。

ノーベル平和賞にノミネートされた**アーヴィン・ラズロ博士**はこう伝えています。

「ゼロポイントフィールドは『物質』『エネルギー』『時間』『空間』を畳み込んでいる」

古今東西の天才たちは、ゼロポイントフィールドに畳み込まれたものを引き出した人と言うことができます。たとえば**レオナルド・ダ・ヴィンチ**はその代表でしょう。

ダ・ヴィンチは日本で言う戦国時代、織田信長の少し前に活躍した人です。その才能は絵画だけではなく、67歳で亡くなるまでに、音楽、建築、数学、幾何学、解剖学、生理学、動植物学、天文学、気象学、地質学、地理学、物理学、光学、力学、土木工学など、さまざまな分野に及びました。何十人もの天才が束になったような偉業です。

なぜ彼は、わずか67年の間に、たったひとりで、こんな偉業が達成できたのか？

それはダ・ヴィンチが**「時間を濃くした」**からだと考えられます。

ラズロ博士の言葉を借りれば**「ゼロポイントフィールドに畳み込まれた時間を引き出した」**ということになるのかもしれません。

ダ・ヴィンチは「時間」を操り、濃くしたのです。ふつうの人の1時間を5時間とか10時間の濃さにしたわけです。「時間が濃く」なれば、同じ時間で何倍ものことができるようになりますよね。

天才じゃない人も時間を濃くできるの？

はい、できます。**フォトンを使えば時間の流れは加速させられます。**

その方法については次の章で詳しくお伝えします。

また「時間」だけでなく「空間」や「エネルギー」を操る方法についても話していきます。

その前に「時間」と「空間」と「エネルギー」について考えてみたいと思います。

「エネルギー」「時間」「空間」って何?

「エネルギー」とはいったい、なんでしょう?

わかりやすいたとえ話で説明してみますね。

「水」はH_2Oという「物質」です。水(H_2O)はマイナス5度の氷にもなるし、20度の水にもなります。80度のお湯にもなるし、100度の水蒸気にもなります。

どれも同じ分子のH_2Oですが、全然違いますよね。

その違いこそ、「エネルギー」です。同じH_2Oでも**分子の揺れ方が違う**のです。

マイナス5度の氷では分子はほとんど揺れず、分子同士がくっついています。

20度の水は分子がゆっくり揺れており、80度のお湯ではかなり激しく揺れています。

100度のお湯では分子同士があっちこっちに飛び回っています。

つまり**物質（分子や原子）を揺らしているものが「エネルギー」**というわけです。


では問題です。

「時間」や「空間」は物質（分子や原子）ではありません。

さっきは20度だった水が、今は温めたので80度のお湯になっている。

「さっき」と「今」では、何が違うのでしょう？


答えは、**「エネルギー」**と**「時間」**です。

物質の状態（エネルギー）が違うし、「さっきと」「今」では時間が違いますよね。


では、もうひとつ問題です。

さっきは「キッチン」にあった20度の水が、今は温めて80度になり「デスクの上のコップの中」にある。

「さっき」と「今」では、何が違うのでしょう？

答えは、「エネルギー」と「時間」と「空間」（場所）です。

物質の状態（エネルギー）や時間だけでなく、今度は「キッチン」から「デスク」へと場所も違っています。

「エネルギー」も「時間」も「空間」も物質とは違い、目に見えません。

でも、「さっき」と「今」のどちらにも存在していましたね。

つまり「目には見えないし、カタチもないけれど、確かに存在し、物質になんらかの影響を与えているもの」が、「エネルギー」と「時間」と「空間」なのです。

ちなみにこの本では、「エネルギー」を「メンタル」に置き換えて説明しています。

「メンタル」＝「人の意識」ですよね。そして「意識」＝「フォトン」です。

「フォトン」は「電磁気のエネルギー」を持っているため、「メンタル」＝「エネルギー」と言えるわけです。

第4章

時間の流れを加速させて成果を上げる習慣

――「時間をズラす」量子力学の方法

多くの人が時間に縛られて生きています。
時間に間に合わせようと、毎日が時間との戦いです。
でも、量子力学を使えば、それが一変します。
何しろ、時間を増やすことができるのですから。
あなたの1時間は3時間にも5時間にもなります。
そんな「時間をズラす」方法を考えましょう。

時間をコントロールできないと一生ずっと損をする

あなたは、自らお金を捨てたことはありますか？

おそらく、そんなもったいないことはしませんよね。

では、時間はどうでしょう？

たとえば、休日前夜。

「明日は朝から美容室に行って、午後は買い物を済ませて、読書でもしよう」

とても充実した休日になりそうです。ところが！

「やばい寝坊した。もうお昼か。あー、今から美容室はムリだよね」

そしてパジャマのままブランチ。スマホをいじっていると3時になってしまった。

「あー、もう着替えもいいかな。先週は忙しかったし、こういう日もありだよね」


「Time is money」（時は金なり）という言葉があります。**お金は捨てないけれど、時間**

は流れるままにしている（捨てている）。こういう人は、意外に多いのでは？

時間に関する「心のクセ」は、じつは大きな損失を生みます。たとえば一日1時間をムダに過ごしたとすると、1年間で365時間の損失になります。

3年で1095時間、30年で1万950時間。90年（一生）では3万2850時間。約4年間をムダに過ごしたことになるのです。

時間を上手に使えるようになれば、人生がものすごく有意義になると思いませんか。

どのようにして時間をうまく使うか？……という話を始めると、世の中に多数ある「タイムマネジメント」の本と同じになるので、それはしません。

本書では「時間を管理する」のではなく、**「時間をズラす」**ことを考えます。

え、時間をズラす？　そんなことできるの？

はい、できます。

私たちは日々「間に合う」「間に合わない」というように時間と戦っています。

しかし、この「時間」というのは、洗脳によって私たちに刻まれたものです。言ってみれば、幻想ですね。

郵便はがき

料金受取人払郵便

新宿北局承認

9134

差出有効期間
2025年3月
31日まで
切手を貼らずに
お出しください。

169-8790

174

東京都新宿区
北新宿2-21-1
新宿フロントタワー29F

サンマーク出版愛読者係行

ご住所	〒　　　　都道府県	
フリガナ		☎
お名前		(　　　)
電子メールアドレス		

ご記入されたご住所、お名前、メールアドレスなどは企画の参考、企画用アンケートの依頼、および商品情報の案内の目的にのみ使用するもので、他の目的では使用いたしません。
尚、下記をご希望の方には無料で郵送いたしますので、□欄に✓印を記入し投函して下さい。
□サンマーク出版発行図書目録

1 お買い求めいただいた本の名。

2 本書をお読みになった感想。

3 お買い求めになった書店名。

市・区・郡　　　　町・村　　　　書店

4 本書をお買い求めになった動機は?

・書店で見て　　　・人にすすめられて
・新聞広告を見て(朝日・読売・毎日・日経・その他＝　　　)
・雑誌広告を見て(掲載誌＝　　　)
・その他(　　　)

ご購読ありがとうございます。今後の出版物の参考とさせていただきますので、上記のアンケートにお答えください。**抽選で毎月10名の方に図書カード(1000円分)をお送りします。**なお、ご記入いただいた個人情報以外のデータは編集資料の他、広告に使用させていただく場合がございます。

5 下記、ご記入お願いします。

ご職業	1 会社員(業種　　) 3 公務員(職種　　) 5 主婦	2 自営業(業種　　) 4 学生(中・高・高専・大・専門・院) 6 その他(　　)	
性別	男・女	年齢	歳

ホームページ　http://www.sunmark.co.jp　ご協力ありがとうございました。

昔々の誰かが「時間はこうする」と決めたものを、そのまま信じているに過ぎません。

アインシュタイン博士は、こう伝えています。

「過去・現在・未来は永続的に続いているかのように見えるが、幻想に過ぎない」と。

本当は「時間は並んでいない」のです。

量子力学の世界では簡単に「時間をズラす」ことができます。そして、時間を操れるようになれば、あなたの1時間は、3時間にも5時間にも増えていきます。

「うまくいかない」のはあなたの集中力のせいです

「どうして私はうまくいかないのだろう?」

多くの人がこう思いながら生きています。いっぱい勉強したのに、たいしてやっていない奴よりも成績が下だった。一生懸命に頑張っているのに、同期よりも出世が遅い。焦れば焦るほど泥沼にはまり伸びなくなる。そのうちに心の持ち方がわからなくなる。

このような人たちは、どこがいけないというのでしょう？

それは「集中力」です。

人と比較したり焦ったりすると、目標達成に向けるエネルギーが減っていきます。

たとえば、あなたが目標達成エネルギーを１００持っているとしましょう。

「集中」していると、１００全部を目標達成に使えます。でも「人と比較」し始めると、そこに20のエネルギーを費やしてしまう。「焦り」があるとさらに20使ってしまう。

こうなると残りのエネルギーは60です。エネルギーが減ると隙ができ、周囲の言葉や行動が気になり始めます。そして動揺すると、さらに20を消耗してしまう。

当初は１００だった目標達成へのエネルギーが40になってしまった……。


「集中」が切れるとは、こういうことです。

このエネルギー40の状態を1週間、１か月と続けていったとしたら？　１００の集中状態でいる人との差は歴然です。

これが「うまくいかない」原因です。「だからダメ」とは言いません。逆の発想で「なるほど！　集中すれば成長できるんだ」と捉えてくださいね。

「なるほど！」という気づきは、脳にとって最良の栄養となります。脳が一気に活性化し、電気回路（シナプス）がつながり始め、「あ、できた！」という成功体験がどんどん増えていきます。

集中力のない人が時間を味方につける方法

「集中できない」とか「集中力がない」という人は、次のような「意識」をしてみることをおすすめします。

①あなたが出すフォトンのうち、今、何割が、そこに向いているか？
②あなたが出すフォトンの絶対量を増やせないか？
③集中を伝染させる！

「テストに向けて集中したい」という例で考えてみましょう。

①は簡単ですね。仮にあなたが100のフォトンを出せるなら、そのすべてを注げるようにすればよいわけです。そして集中が削《そ》がれる要因を見つけて排除していきます。たとえば、テレビが気になるならテレビがない部屋で勉強する、スマホの電源を切る、勉強する時間を決め「その時間は集中するから」と家族に宣言して協力してもらう、などです。

②はメンタルを整えることです。「意識」の正体は「フォトン」でしたね。メンタルを整えることで、意識をコントロールすることができ、フォトンの絶対量も増えていきます（これについては第6章で詳しくお伝えします）。

③は②とも関係しているのですが、集中できる場所には多量のフォトンが飛び交っています。これを利用することで、あなたの集中力は高まります。

図書館の自習室を例にして③を説明してみます。

量子レベルで見ると、私たちは「モワモワの雲」のような状態でしたね。図書館の自習室もモワモワの雲が覆っています。「集中フォトン」が飛び交うモワモワです。自習室に入ると「勉強しなきゃ」という気になりますね。それは「集中フォトン」が大量に飛んでいるからです。

「集中フォトン」はあなたの周囲を飛び交い、あなたの体を貫通しています。これによってあなたのフォトンの波が共振し、集中力が高まっていきます。

さらに、あなたの内側にあるゼロポイントフィールド側から「集中フォトン」が生み出され、フォトンの全体量も増えていくという「一石二鳥」の集中力アップ法です。

これと似たことを、私は浪人生だったときに経験しています。予備校に通っていた私は、毎朝仲間と3人で自習室の前で待ち構えていました。教室の最前列の席を取るためです。仲間のひとりは高校で剣道2段を取得した人、もうひとりはテニスの強豪校で全国レベルの人で、ふたりとも集中力がメチャクチャ高い人でした。

3人で最前列に座り、高い集中で勉強し合うと、私の「集中フォトン」が上がってくるのがわかりました。おそらく後ろの席の人から見たら、『ドラゴンボール』のスーパーサイヤ人のように光っていたと思います（笑）。何しろ、トイレと昼食以外は席を立たないほどでしたから。

つまり、「集中」を伝染し合っていたのです。言葉は交わしませんでしたが、Bluetoothでお互いがつながり「集中Hz」を響かせ合っているようなイメージです。

このように、**集中力の高い人からフォトンを伝染させてもらう**のは、とても有効な方法です。その結果、あなたの内側から集中力が湧き上がってくるのを感じるはずです。

集中力が高まると、なぜ時間が増えるのか？

ふたたびアインシュタイン博士の言葉です。

「過去・現在・未来が永続的に続いているかのように見えるが、幻想に過ぎない」

博士はこんなことも言っています。

「恋人といる1時間は1分のように感じるかもしれないし、熱いストーブの上に腰掛けたら1分が1時間に感じるかもしれない」

楽しい時間は早く過ぎ、つらい時間は長く感じるということですね。

つまり、**時間は定まっていない**、ということです。

これを、まずは**脳科学の立場**から説明してみましょう。

たとえば、サッカーの45分の試合時間はものすごく短く感じる。だけど学校の社会の授業の45分はとても長い……。

同じ45分なのに、なぜなのでしょう?

サッカーの試合中、あなたの脳では「あっ! 相手があそことあそこを走っている」「キーパーがあっちへ蹴った」「うちのフォワードは今あそこだ」など、**一瞬でたくさんのことを認識**しています。たとえば「1分間に600個のことを認識した」とします。

仮に「1個の認識を1秒」とすると、あなたは「1分間で600秒使いこなした」ということになります。これを**「意識時間」**としましょう。

あなたがサッカーをしているときの「意識時間」は「1分間=600秒」ということになります。ところが地球の時間は「1分間=60秒」です(これを**「地球時間」**とします)。

つまりサッカーをしているときのあなたの「意識時間」は、「地球時間」より「10倍早く進んでいる」ということになります。


では、社会の授業中、あなたが退屈な思いをしているときはどうでしょう?

「1分間に6個を認識した」とすると、あなたの「意識時間」は「1分間＝6秒」です。

社会の授業中のあなたの「意識時間」は、「地球時間」より「10倍遅く進んでいる」ということになります。

これが、同じ時間を「早い」と感じたり「遅い」と感じたりする仕組みです。


「地球時間」は単なるルールです。誰かが決めたものに過ぎません。

しかし、脳では時間が決まっていません。

私たちの脳は一度に多数のことを認識していますが、そのほとんどは無意識（潜在意識）の部分で処理されていて、意識側（顕在意識）に上がってきません。

たとえば今、読書をしているあなたの脳は、文章だけでなく、部屋の温度、風の吹き方、隣の人の様子、匂い、音、窓の外の景色、日光の入り方、壁の色などを認識している

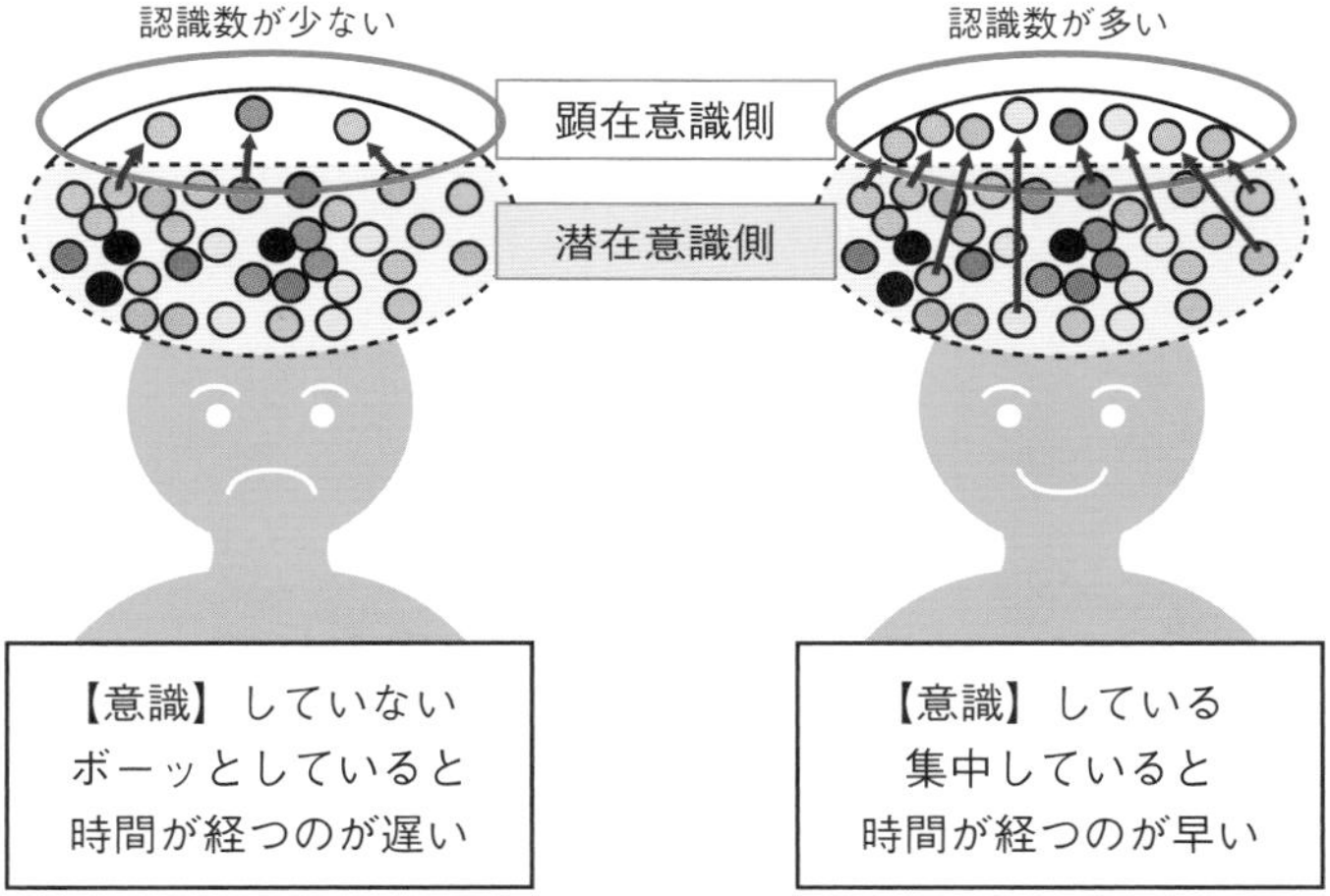

のに、それは無視されています。

全部を認識しようとすると情報量が多すぎて、脳はショートしてしまうからです。脳は自分に必要なものしか認識しないのです。

脳には「1秒、2秒……」という時間機能はなく、「認識した量」を「時間」としてカウントします。

先ほどのサッカーの例の通り、脳は集中するほど「認識する量」が増えていきます。

あなたが集中すればするほど「認識する量」が増え、時間は「早く」進みます。

つまり、「集中」によって「時間をズラす」ことができるというわけです。これが脳科学の立場から見た考え方です。

「時間の流れ」を変える量子力学の秘密

次は、量子力学の立場で「時間をズラす」という話をしましょう。

その前に少し復習です。

「意識」の正体は「フォトン」でしたね。

フォトンは粒でもあり波でもあるので「振動数」（Hz）を持っています。

意識が「集中」や「楽しい」という状態のときは、粒も多く出るし、振動数（Hz）が高くなります。仮に集中時には「1万Hz」としましょう。

逆に、意識が「ダラダラ」や「つまらない」という状態ではHzが低い。「100Hz」とします。

Hzは1秒間に出る波の数でしたね。「集中・楽しい」状態の人から出る波（1万Hz）は「ダラダラ・つまらない」状態の人の波（100Hz）の100倍ということになります。

時間も振動数で変わる！

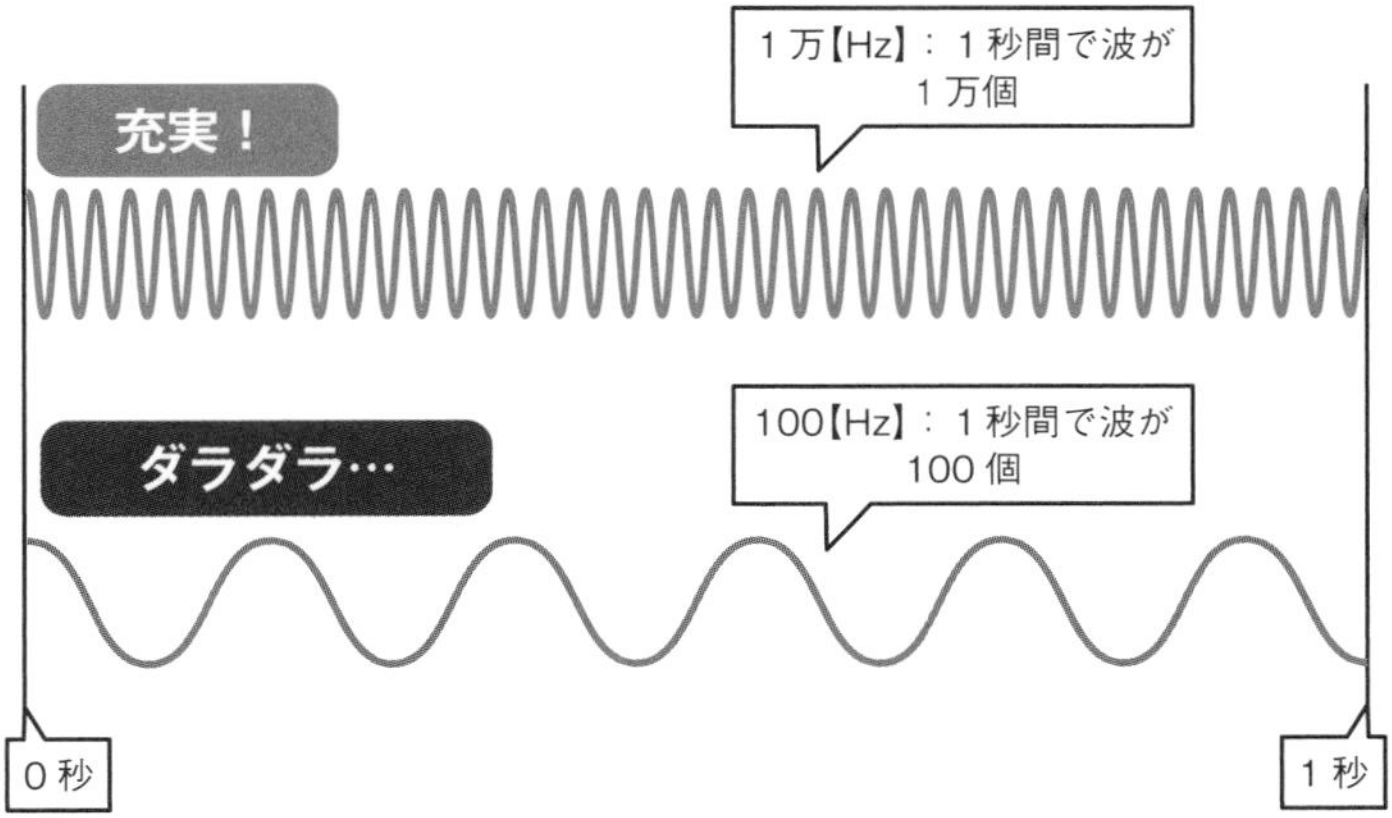

同じ時間でも意識次第で処理できる量が違う！

それは100倍の情報を処理できる、ということでもあります。

以上のことをもとにして、さまざまな事例で「時間」を考えてみます。

●長時間に少しのことしかできない

「ボーッとして朝から何もしていないのに、もう夕方！」という例です。

「ダラダラの波」にいるときはわからないのですが、夕方になって意識を「ふつうの波」（次ページ図の茶色い波）に戻したとき、昼間の波がゆるかったことに気づきます。すると「あー、しまった！時間をムダにした」となるわけです。

ダラダラしてたら「もう夕方…」という例

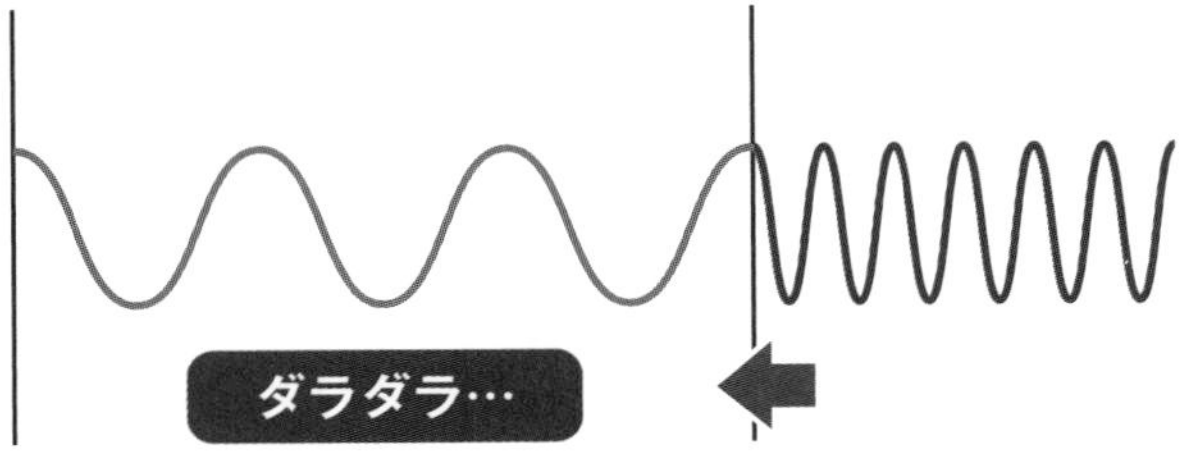

夕方、通常の自分に戻り（**茶色い波**）、
昼間のダラダラした自分（**灰色の波**）を見ると、
波がとても少なかったことに気づく。
→「何もしてないのに、もう夕方…！」

●過ぎた時間が長く感じられる

「2泊3日の旅行から帰ってきたとき、出発した3日前がなんだか1週間前くらいに感じる！」という例です。

旅行中は見るもの聞くもの新鮮で情報量も多くなっています。楽しくて振動数も上がっています。「充実の波」（次ページ図の赤い波）にいるときはわからないのですが、「ふつうの波」に戻ると、旅行中の波が多かったことがわかります。

赤い波を引っ張って直線にすると茶色い波より長くなりますよね。このため旅行に出発した3日前が1週間前のように感じられるわけです。

●相手の動きがスローに見える

「相手の動きがスローに見える。ボールがゆっく

旅行から帰って来たら「昔のよう…」という例

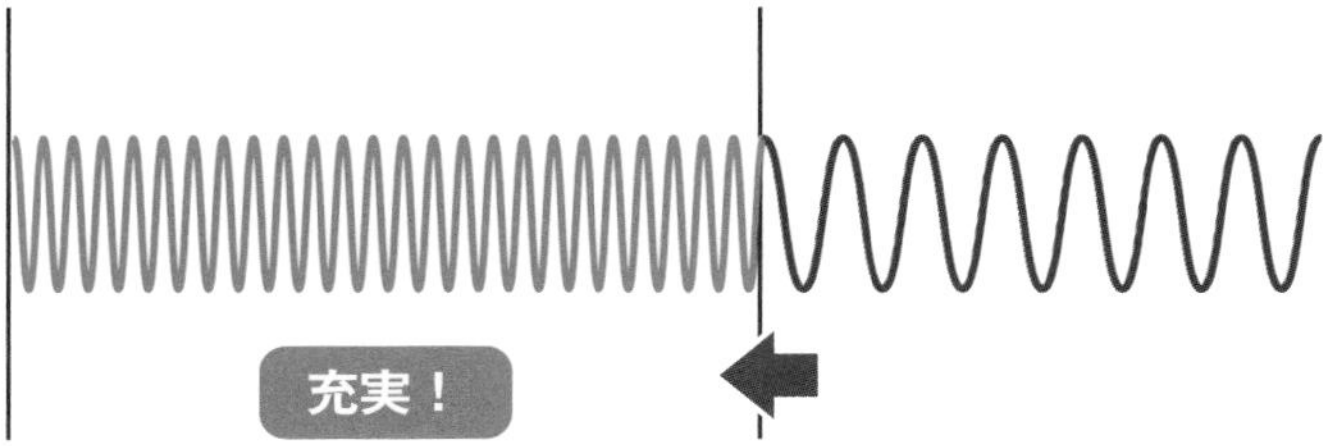

旅行後、通常の自分に戻り（**茶色い波**）、
旅行中の充実した自分（赤い波）を見ると、
波がとても多かったことに気づく。
→**「もうずいぶん前のことみたい…！」**

り見える」という例です。

高い集中をして振動数（Hz）が高まったときに起こる現象です。「超集中の波」（次ページ上図の赤い波）にいるときはわかりませんが、そこから「ふつうの波」を見るとゆっくり動いているように見えます。

カメラのシャッタースピードを上げると、アスリートの速い動きを静止画として撮影できます。これと同じようなことが目の前で起きるわけです。

●短時間にたくさんのことができる

「何かをやり終えて時計を見たら、思ったほど時間が経っていなかった」という例です。

試験で全部の問題を解き終わったのに「あれ？

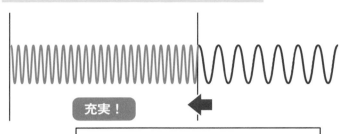

周りがスローモーションに見える！という例

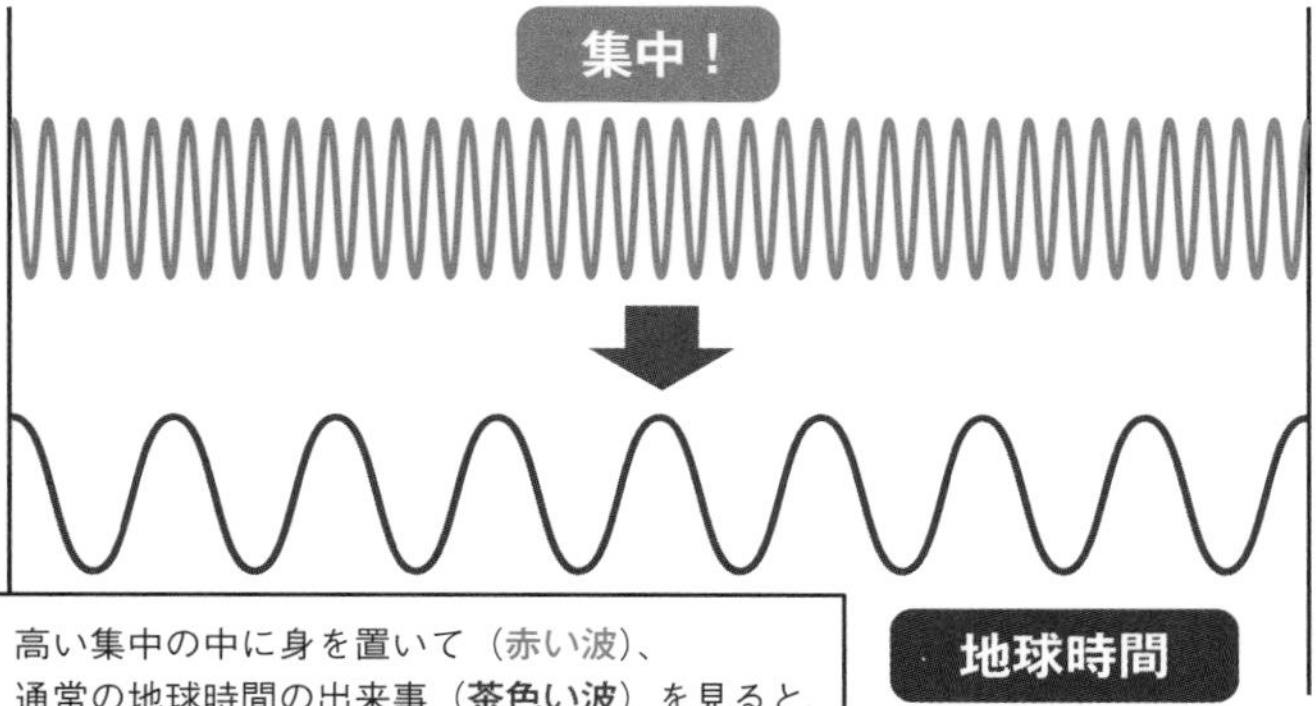

高い集中の中に身を置いて（赤い波）、
通常の地球時間の出来事（**茶色い波**）を見ると、
ゆっくり動いているように見える！
→**「あっ、スローモーションみたい…！」**

充実しているけど時間はゆっくり！という例

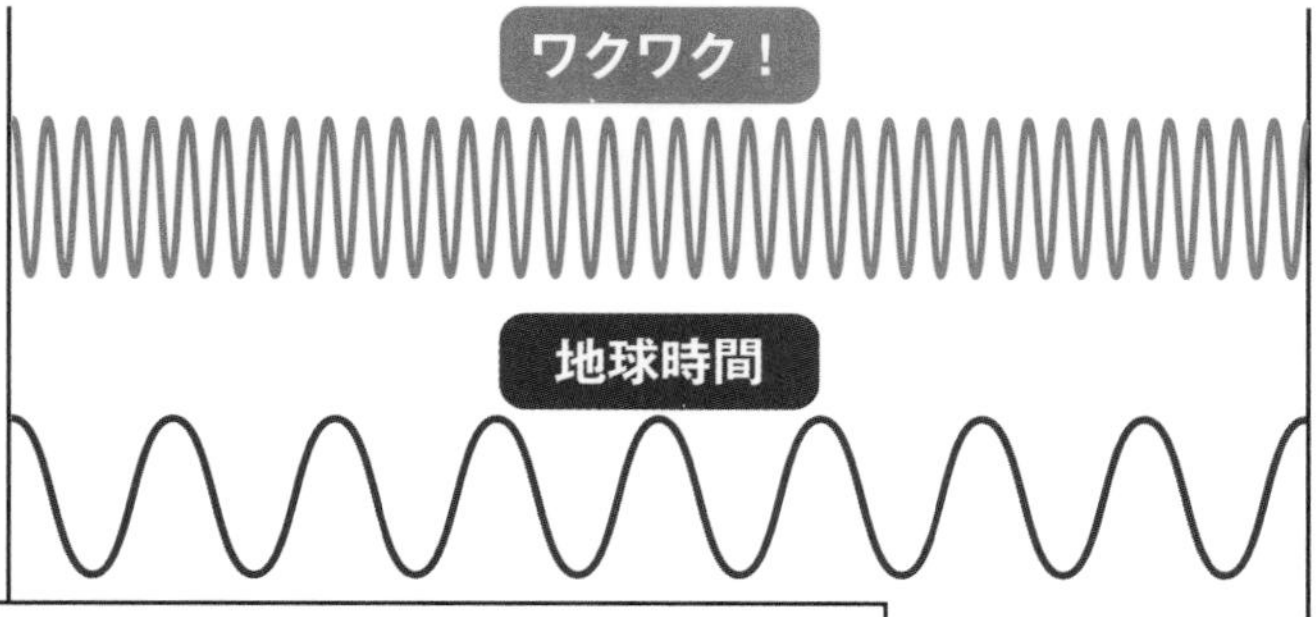

高い集中や「ワクワク！」に浸りきると（赤い波）、
通常の地球時間（**茶色い波**）を追い越していく。
→**「あっ、短時間にこんなに多くできた…！」**
→**「なんだか、時間に余裕がある…！」**

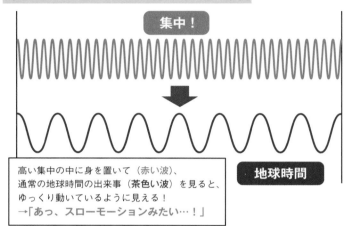

時間が余っている。もう1回見直そう」というときがありますよね。

「超集中の波」(前ページ下図の赤い波)にいるときはわかりませんが、「ふつうの波」を追い越して進んでいる現象です。つまり「地球時間」を追い越したわけです。

何かに「浸っている」ときになる状態ですね。

仏教では「三昧《さんまい》」、サンスクリット語では「サマーディ」と言います。瞑想や坐禅の「マインドフルネス」もこの状態です。

「時間をズラす」にはどうすればいいか?

さまざまな例を紹介しましたが、どれも「意識時間」を変えることで「時間がズレる」ことがおわかりでしょう。

図の赤い波にいるときは、あなたの「意識時間」は「地球時間」より多くなっている。

あなたの1時間は、意識次第で3時間にも5時間にも増えるということです。

たとえば、あなたの「意識時間」を増やして1年を過ごすと、3年分、5年分の仕事ができることになります。

逆に、「意識時間」の少ない状態で1年を過ごすと、半年分とか3か月分の仕事しかできなくなってしまいます。

「人生100年時代」と言われる現代。その100年を、「ワクワク」「超集中」の状態で生きて何倍にもするか、「ダラダラ」「注意散漫」な状態で生きて、半分にしてしまうか。

それは、**あなたの「意識」によって決まる**のです。

ちなみに「集中して時間をズラす」ことを私は**「四次元的集中」**と呼んでいます。

愛や感謝の心で生きると時間が増える

私たちは「地球時間」の中で生きています。

この「地球時間」の中にあなたの「意識時間」をどれだけ多く入れられるか。

どんどん入れられれば、どんどん「時間をズラす」ことができます。

言ってみれば、あなたの生活の中に、波の多い（振動数の高い）状態をどれだけ増やせるか、ということでもあります。

そこで、**日常生活の中で振動数を高くする方法**を考えてみたいと思います。

たとえば「意識」の状態によって振動数は変わります。以下はその例です。

【低い振動数の意識】
「焦り」「やる気がない」「人と比較する」「受け身」「つまらない」「不安」「恐怖」など

【高い振動数の意識】
「没頭する」「集中する」「ワクワク」「喜び」「自らの意思でやる」「元気」など

【最高の振動数の意識】
「愛」「感謝」

つまり、毎日を楽しくワクワクした気持ちで過ごせば、時間を増やすことができ、**愛や感謝の心で過ごせば、さらにもっと時間を増やすことができる**、ということです。

「振動数の高さ」は「エネルギーの高さ」と言い換えることができます。

振動数が高ければ高いほどエネルギーが上がり、影響力も強くなります。


具体例で考えてみましょう。

「いつも感謝をしてくれるA社長」と「いつも高圧的なB社長」。

あなたはどちらの社長の下で働きたいですか？

ほとんどの人は「A社長」と答えたはずです。

B社長の下でムチ打たれるように働けば、一時的な成果は出るかもしれませんね。でも、長続きはしません。体も心も壊れてしまいそうです。

逆に、A社長の下では「もっとやろう」「挑戦してみよう」と意欲が湧いてきそうです。

これが**「愛」や「感謝」の力**です。


喜びや強い意欲のもとで仕事をすれば、集中力は高まり、振動数が高くなります（波が増えます）。そうやって「意識時間」が増えると、同じ時間内でより多くの仕事や、内容の濃い仕事、質の高い仕事ができるようになります。

さらに、あなただけでなく、仲間のフォトンも増え、職場内には「集中フォトン」が充満します。これに個々のフォトン（波）が共振し、相乗効果で高まっていきます。

これは会社だけの話ではありません。家庭でも学校でも部活でも、友だち同士でも、これと同じことが起こります。

愛や感謝の振動数（Hz）はあなた個人に留まらず、**集団の振動数を高め、濃密な時間をつくっていくのです。**

勉強するときは「一点集中」と「分散」、どちらがいいか？

スポーツの練習でも勉強でも、あなたが何かに真剣に向き合ったとき、時間の経過と共に内容は深まっていきます。

スタートから終了までの間に、フォトンの数は20粒→１００粒→２０００粒→１万粒→

集中状態とフォトンの相関

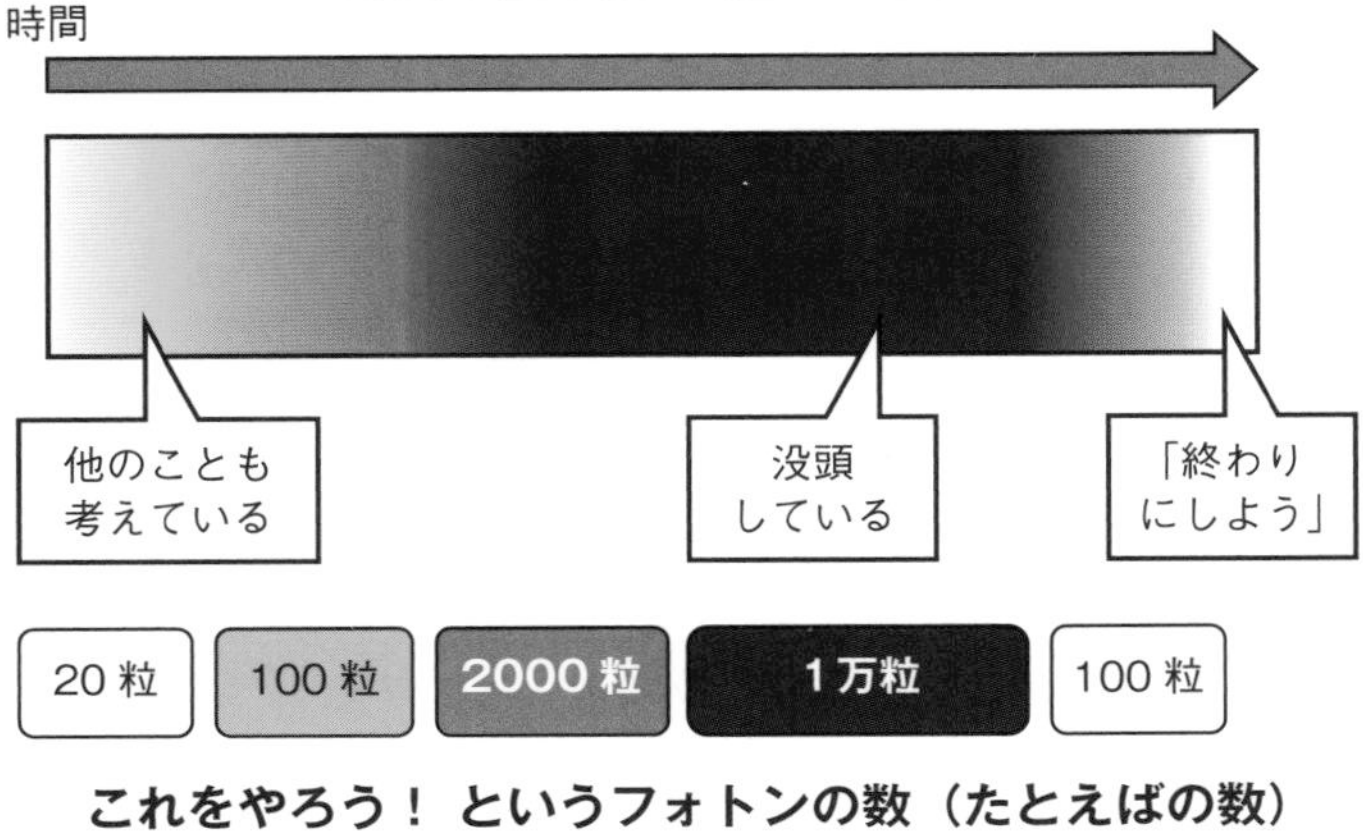

これをやろう！ というフォトンの数（たとえばの数）

100粒と変化していきます（数字は仮のもので、本来のフォトン量は「10の何十乗個」）。

ところが、時間が短い場合は、20粒→100粒→2000粒→100粒。または20粒→100粒→500粒→100粒となります。

時間が短いために、2000粒や1万粒が出るまで集中が深まっていかないのです。

受験生のAさんとBさんの例で比べてみましょう。

たとえば、Aさんは9時から12時までの3時間を「一点集中」で数学の勉強をした。

いっぽう、Bさんは9時から12時までの3時間を「30分おきの分散集中」で数学、国

周りに誘惑物が多いと

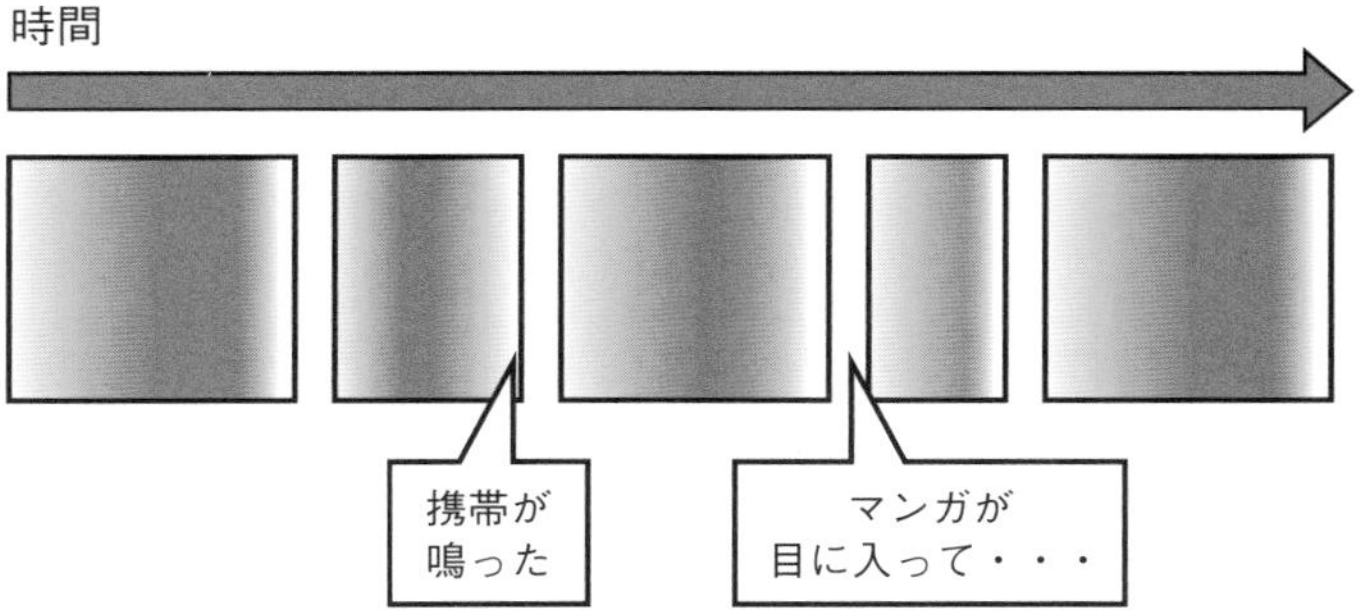

1万粒（没頭）になるところがない

語、日本史……と科目を変えて勉強した。

Aさんはフォトンが1万粒出る「超集中」の時間が2時間くらい。

Bさんはフォトンが２０００粒の「まあまあ集中」の時間は複数回あるのですが、どれも深まっていきません。

どちらがいいかは、あなたが何をしたいかによって違ってきます。

あなたが何かを「達成するぞ！」というときは「一点集中」がおすすめです。フォトンが増え、達成度も高まるからです。

集中が深まると「意識時間」も濃くなって、時間もたくさん使いこなせます。

たとえば受験生が夏休みに勉強するとき

は、9時〜12時は数学、13時〜15時は英語、15時30分〜17時30分は物理、と「数学漬け」「英語漬け」「物理漬け」の時間割をつくり、「一点集中」を長期間続けることをおすすめします。

エジソンは次のように話しています。

「私が成功したのは、研究室に時計がなかったからだ」

時間を気にせず没頭することで、フォトンが増えて振動数が高まり、ゼロポイントフィールドの高い周波数帯とつながることができたのでしょう。

ちなみに私の塾もこれに倣《なら》い、時計は教室の後ろにかけて時間を気にせず学べるようにしています。

得意なことと不得意なこと、どちらからやればいいか？

一点集中がよいのはわかったけれど、多数の科目をやる場合はどうしたらいいの？

そんな質問を生徒からされることがあります。そんなときの私の答えはこうです。

「好きなものや得意なことからやる。これが鉄則だよ！」

どうしてなのか、量子力学で説明します。

「大好きなこと」をするときはフォトンが集中的に出て、振動数（Hz）も高くなります。

つまり「意識時間」が多くなり、時間を濃くできます。さらにあなたのいる空間を、密度の濃い空間にすることができます（詳しくは次章でお伝えします）。

好きなことからやり始めて時間の密度を高め、その状態で不得意なことをやる。すると、不得意なことが短時間でできたり、頭に入りやすくなったりして、どんどん勉強が進むというわけです。

「意識時間」が多くなると、「地球時間」は濃くなります。

ちなみに私の塾では、入試の2週間くらい前からは、第一志望校の「試験科目の順番」に勉強するよう指導しています。脳と全身のフォトンを試験用に慣らしていくためです。

これによって最高のパフォーマンスが引き出されるようになります。

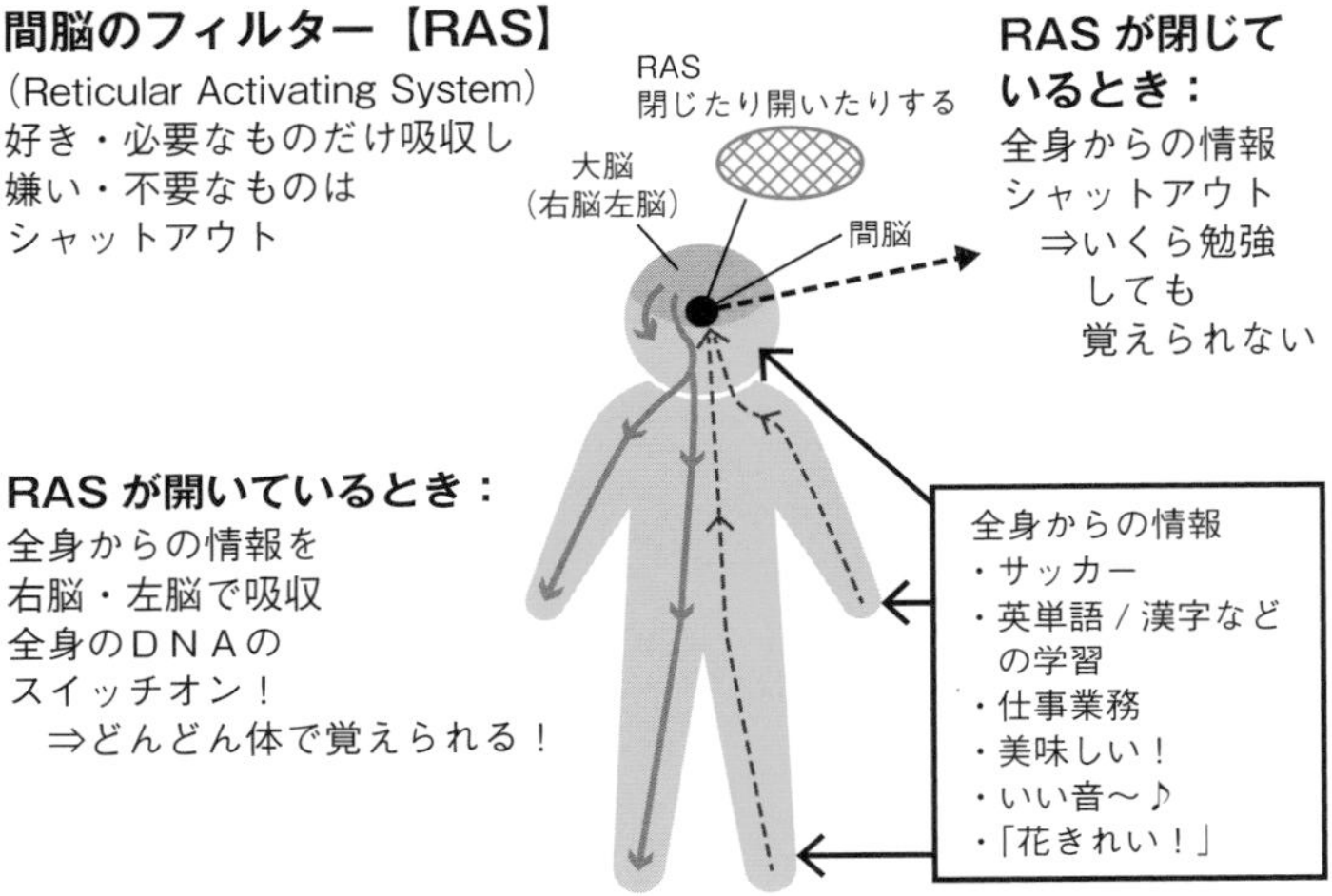

間脳のフィルター【RAS】
（Reticular Activating System）
好き・必要なものだけ吸収し
嫌い・不要なものは
シャットアウト
RAS
閉じたり開いたりする
大脳
（右脳左脳）
間脳
RAS が閉じているとき：
全身からの情報
シャットアウト
⇒いくら勉強
しても
覚えられない
RAS が開いているとき：
全身からの情報を
右脳・左脳で吸収
全身のＤＮＡの
スイッチオン！
⇒どんどん体で覚えられる！
全身からの情報
・サッカー
・英単語 / 漢字など
の学習
・仕事業務
・美味しい！
・いい音～♪
・「花きれい！」

好きなことから始めるほうが有利なのは、脳科学でも説明できます。

私たちには「視覚・嗅覚・聴覚・味覚・触覚」の「五感」があります。嗅覚以外の感覚器から入る情報（電気信号）は一度「間脳」に入り、そこから大脳へと入っていきます。「間脳」にはフィルター装置のようなものがあり、自分に「必要なもの」と「不要なもの」とを分別します。このフィルター装置を**「RAS」（ラス）**と言います。

RASは、大好きなことや楽しい情報が入ってくると開き、その情報を大脳まで届けようとします。**「必要な情報だから大脳まで届けて覚えてね」**と間脳が判断するわけです。

逆に、大嫌いなことをするときや怒られているときは、ＲＡＳが閉じてしまいます。情報は間脳でシャットアウトされ、大脳には届きません。

たとえば、あなたが子どものときに見ていたアニメの主題歌や好きだった歌手の歌は、曲が鳴り始めると20年前、30年前のものでもすぐに歌えますよね。でも中学校の理科で習ったことは思い出せません。

この違いはＲＡＳが開いていたか、閉じていたか、です。

ＲＡＳを開く秘訣《ひけつ》は「大好き！」「楽しい！」です。

よって、勉強の順番は「大好き！」なものからなのです。

そうすることでＲＡＳが開き、情報は大脳まで届きやすくなります。

そしてＲＡＳが開いた後に、不得意な科目を勉強する。

こうすれば不得意な科目でも頭に入りやすくなります。

三日坊主から脱却し、驚きの成果を生む方法

三日坊主という言葉があります。じつはこれも量子力学が関係しています。

こんな経験はありませんか？

「よし！　ダイエットしよう。今回は成功させるぞ」と決意して始めたのに、結局は数日間で終わってしまった……。

これは脳の特性によるものです。脳はイヤなことを避けようとするのです。

逆に、脳は好きなことは毎日でもやりたがります。ＬＩＮＥやインスタを毎日飽きずにできるのも、脳がそれを好きだから、ワクワクするからです。

量子力学的に見ても、これと同じことが言えます。

「つまらない」「不満」という意識は振動数（Hz）が低くなります。「根性」「気合い」も同じです。そのような状態で続けても、振動数が高まりません。

いっぽう、「楽しい！」「ワクワク！」「うれしい！」「幸せ！」という意識は振動数

（Hz）が高くなります。

振動数が低い状態と高い状態。どちらが長続きするかは明白ですね。同じことをするのでも、振動数が低いと波の数が少ないため時間を長く感じます。「あーイヤだ。なんでこんなことをしてるんだろう」となります。そして「もうやーめた」となってしまう。

逆に、振動数が高ければ時間が過ぎるのもあっという間です。「また明日もやろう」となり、長続きするというわけです。

つまり、根性や気合いで続けるのはムリがある。長続きしないのは仕方がないのです。あなたが目標を達成したいなら、振動数の高い「意識」でおこなうこと。これによって確実性は増していきます。

たとえば「縄跳びダイエットをしよう！」とあなたが決意したとします。

でも、縄跳びを楽しく感じないとすれば、「気合いだ」「根性だ」と自分を励ましても長続きはしないでしょう。

であれば「縄跳びダイエット」に「ワクワク」をプラスしてやればいいのです。

たとえば「半年後、20キロ痩せた私」をイメージするだけでワクワクしますよね。

こうなると「意識」が変わります。「楽しくない」は「気持ちいい」に変わり、「キツイ」は「さらに筋力がつく」というように変化します。

「意識時間」も変わって、縄跳びの時間が短く感じます。

あなたをつくっている素粒子も変わり、20キロ痩せた体を実現し始めます。

さらに、あなたからは「ワクワクフォトン」が出るようになって、周囲の人もあなたをワクワクしながら見るようになります。あなたのフォトンは周囲と共振し、ますます振動数が高まっていきます。

こうして時間が濃くなれば、あなたが実践した半年間は何年分にも相当します。短期間のうちにあなたの体と心は大きく変わります。周囲の人から「あれ？ ちょっと会わなかった間に別人になったみたい」と言われるのは、当然のことなのです。

第5章

「空間」を味方にする習慣

——環境を変えて能力を最大化させる

私たちは空間を「空っぽ」だと思っています。
しかし量子力学的には「詰まった」空間です。
なぜか力が湧いてきたり、心が落ち着いたりする場所と、
イライラしたり、実力が出せなかったりする場所。
この違いは、どこにあるのでしょう?
日々のちょっとした意識の差が空間の濃度を変えます。

空間が濃くなると物質化が起きやすく願いも叶いやすい

私たちは自分の能力を高めるとき、勉強や練習をします。

前章では、勉強や練習をより効果的におこなうために「時間をズラす」ということをお伝えしました。私たちがふだん使っている「地球時間」は、じつは決まったものではなく、それは「意識」によって増えることも減ることもあると。

同じように、私たちがふだんいる「空間」も、「意識」によって変えることができます。量子力学を使えば、あなたがいる空間を「濃く」したり「薄く」したりできるのです。

密度の高い（濃い）空間というのは、フォトンが多く、振動数（Hz）の高い空間です。

そのため、「意識」を向けたら素粒子が生まれやすくなります。

また「ゼロポイントフィールド」の高い周波数帯からもエネルギーや情報を受け取りやすくなり、「神ってるレベル」の力が出やすくなります。

つまり、思考が物質化しやすく、願いも叶いやすくなるというわけです。

では、どうしたら空間を濃くできるのか？　順を追って話していきましょう。

空間が悪いと、どんなに努力しても目標は実現しにくい

この世のすべての物体は、小さな粒（素粒子）が集まってつくられていましたね。私たちの体も素粒子の集まりです。この本やスマホも素粒子の集まり。空気もそうです。でも素粒子は見えません。どんなに高性能の顕微鏡を使っても小さすぎて見えないのです。その小さな粒があちこちに飛び回ったり、突然現れたり消えたりするため、「粒」と言うよりは**「モワモワッ」とした「雲」のような状態**だと言えます。

物理学では「原子」のことを「電子雲」と表現したりするのもこのためです。私たちはこの**「モワモワの電子雲」**によってつくられています。このため私たちの存在自体も「モワモワの雲」のような状態というわけです。

私たちだけでなく、この世のすべてのものが「モワモワの雲」のような状態です。この

本も机も壁も窓もモワモワッとしています。「空間」だってモワモワです。

「モワモワの雲」は絶えず変化しています。たとえば、あなたが集中したり、何かを強く「意識」したりしたときは意識（フォトン）の振動数（Hz）が上がり、「モワモワの電子雲」のエネルギーも高まります。すると、その影響を受けて周囲のモワモワ雲も変化していきます。


この様子を頭の中でイメージしてみましょう。

あなたがライブ会場に行ったとします。会場には煙がモワモワしています。

煙の色は会場の状態によって「虹の7色」（赤→橙→黄→緑→青→藍→紫）へ変化します。紫色のモワモワは振動数が最も高く、意識が最高潮になった状態です。

今、会場は赤色のモワモワです。そこに青色のモワモワのあなたが入っていきます。

煙の色はどうなるでしょう？

あなたの青いモワモワは、最初は周囲に広がりますが、次第に赤いモワモワに溶け込み、あなた自身も赤いモワモワに変わっていきます。

今度は会場の煙の色を変えてみます。会場には藍色の煙が充満し、そこに青色のあなたが入っていった場合はどうなるでしょう?

あなたの周りは瞬間的に青色になりますが、あなたも少しずつ藍色に変化します。

そしてライブの盛り上がりと共に、会場の煙は藍色から紫色に変化していきます。

これが「ミクロの世界」で見た「波」(振動数)の変動と「モワモワ雲」の変化の様子です。そしてこの変化は、あなたの「望みの叶いやすさ」とも関係しています。

あなたが「青から紫になりたい」と望んでも、周り全体が「赤のモワモワ雲」(低い振動数)だと望みは叶いにくい。でも逆に、周りが藍や紫など高い振動数のモワモワ雲ならば、あなたの望みは叶いやすくなるというわけです。

空間は「モワモワの相乗効果」でどんどん濃くなる

あなたと空間の「モワモワ雲」はお互いに影響し合っています。どちらも振動数(Hz)を持つ波だからです。

あなたのモワモワが濃くなれば、周囲のモワモワも濃くなる。逆に、モワモワの濃い環境（空間）に入っていけば、あなたのモワモワも濃くなる。**「モワモワの相乗効果」**です。

私は自分と空間の「モワモワの相乗効果」を、空手を通して学びました。

空手には「形」という競技があります。一連の決まった動きを演武して、それを競うものです。時間は1分から3分ですが、その瞬間の集中の深さは相当なもので、多量のフォトンが飛び交います。大きな大会では300人とか1000人が会場に入ります。

会場にいるのは空手家や空手ファン、あるいは出場者の家族ですから、その空間の「空手フォトン」は相当な密度です。つまりモワモワ雲はかなり濃くなっています。

大会で演武をするときは、**私のフォトンが空間の影響を受けて高まっていく**のがわかります。観客は一斉に演武者に「意識」を注いでいるため、演武をしているときの私は「ゾーン」に入っている状態になるのです。これが武道でよく言われる「錬られてくる」状態です（興味のある方はYouTubeの動画などで「空手　形　世界選手権」と検索してみてください。「人間ここまで集中を高められるんだ」と感動しますよ）。

こうした動画も「モワモワの相乗効果」には有効なので、あなたの勉強やスポーツに生かしてもらえたらうれしいです。

振動数が高まる空間をあなたがつくってしまえばよい

量子力学の世界は、なかなかイメージできなくても仕方ありません。目に見えないものは「無い」と私たちは考えるのですが、それは真実ではありません。量子の世界では、**空間のすべてにあらゆるものが「有る」**のです。

エネルギー、情報（現在・過去・未来）、素粒子などが詰まった状態で存在しています。目には見えないけれどギッシリ詰まっています。

このため、あなたがフォトンの粒や波を発振すれば、周囲の素粒子層はゆらゆらと揺れます。逆に周囲が揺れれば、あなたの素粒子層もゆらゆらと揺れます。満員電車みたいな感じです。

あなたが思う以上に、私たちと空間は共振します。あなたがフォトンを出せば、それはあなたが思う以上に、周囲に伝わっていきます。

たとえば神社に行ったり、森の中に入ったりしたときに、心がスッキリする感覚を経験したことがありませんか？

それは、**神社や森のフォトンの振動数が高い**からです。その空間にある高い振動数の波が、あなたにも入ってきたからです。

「じゃあ、神社で勉強すれば振動数が高まって頭がよくなるの？」

はい、そうです。でもそれは現実的ではありませんね。神社に机を置いて勉強するわけにはいきません。

ならば、**神社のような空間を、あなた自身がつくってしまえばいい**のです。

そもそも、神社は人間がつくったものですし、神主さんが日々祈りを捧《ささ》げることで、祈りのフォトンを増やし、振動数を高くしています。

同じように、**あなた自身も「その場の振動数」を高めることができるのです。**

なぜか心が落ち着く場所の秘密とは？

とても大切な質問をします。

あなたは日頃、家の中でどんな状態でいるでしょう？


もしあなたが「いつも怒鳴っている」とか「ケンカばかりしている」というなら、家の中には「イライラフォトン」が大量に飛んでいます。

家の中の空間には、フォトン＝モワモワの雲がワサワサと揺れています。そこにあなたの「イライラフォトン」が突入してくると、家の雰囲気が「イライラ状態」となります。

すると、家族がみんなイライラし始めます。そしてますますあなたもイライラする……。

そのような状況を経験したことはありませんか？

家庭以外の職場や教室などでも同じようなことが起こります。その空間に入った瞬間、「んっ？　なんか居づらいな」とか「ピリついているな」と感じるのは、よくないフォトンが空間全体に漂っているからです。

逆に、日々祈りを捧げている神棚や仏壇の前などに座ると、スーッと落ち着く感じがしませんか？

これは、その場が祈りの空間だからです。床や壁をつくっている素粒子のモワモワの雲の中に**「祈りのフォトン」**がどんどん突入し、それが蓄積している空間だからです。

たとえば毎日１００粒ずつフォトンが入っていくと（実際は10の何十乗個ですが）、日に日に２００粒、３００粒……と増えていき、「場の振動数」はどんどん高まります。

心がスーッと落ち着くのはこのためです。**振動数が高い状態は、エネルギーが高く、安定しているから**です。

これを応用すればいいと思いませんか？

空間（環境）に振動数の高いフォトンを入れていくのです。あなたが「神ってるレベル」の力を出したいと思うなら、空間にフォトンを飛ばして溜めていく。「力を得られる空間を育てていく」というイメージです。

振動数の高い空間をどうやって育てるか

では、どうすれば振動数の高い空間を育てられるのでしょう？

いくつか例を挙げてみます。「心を整える」という視点から考えるとよいと思います。

①【音楽】

落ち着く音楽をその空間に流します。私の場合は、車中やセミナー会場で「神ってる」と思える人の音楽をかけています。モーツァルトやショパン、辻井伸行さん（盲目のピアニスト）、久石譲さん、イギリスの少年グループLIBERA（リベラ）の曲などです。非常に落ち着いていておすすめです。あなたの心が静かになる曲がよいと思います。

②【植物】

その空間に、観葉植物などを置きます（149ページ以降で詳しくお伝えします）。

③【祈り】

前項で話しましたが、その空間で「祈り」を重ねます。

祈りを重ねることで、あなたがいる空間を「神社」のように精妙で（邪念のない）、振動数の高い空間にできます。すると脳がスッキリし、ゼロポイントフィールドとつながりやすくなります。

私は毎朝、各部屋で「私は私を生きます。最高の自分を発揮します」と誓います。これが私の祈りです。

すると部屋全体の「モワモワ電子雲」は「最高の自分を発揮するモワモワ」へと変化していきます。この祈りをすべての部屋でおこないます。

時間がないときは部屋の中央に立ち、四隅を見ながら祈ります。

「見る」だけでも「意識を向ける」ことになり、フォトンを突入させることができます。

④【感謝】

自分が使う道具に感謝します。

「感謝の波」を飛ばすのです。

これはひじょうに効果的です。パソコンや車、机、ペンや消しゴムなどにジワーッと「ありがとう」の波を広げていくイメージです。

感謝の波は道具だけでなく、人にも飛ばすようにします。

これはとくに重要かつ効果的です。

なぜなら「物体」よりも「人間」のほうが、いろいろな波を飛ばしているからです。

感謝は「最高のあなた」を発揮するいちばんの方法

「感謝の波」は、とくに職場の同僚などには積極的に飛ばすようにしましょう。

人間はみな、生い立ちや家庭・職場での出来事を、すべて「フォトン」として保存しています。職場はそれぞれの人のフォトンが密集した空間です。

その空間に「ありがとう」という感謝のフォトンを投じると、それが広がり、振動数は高まっていきます。すると職場の振動数は上がり、**集中度の高い環境**になっていきます。

「でも、嫌いなあの人に感謝なんてできない！」

はい、その気持ちもわかります。

そんなときは面と向かってではなく、ひとりでいるときにジワーッと「ありがとう」の波を飛ばす練習をしてみてください。お風呂に入ったときなどがよいでしょう。

学生時代の部活動は、野球でもテニスでも、基本練習を毎日くり返して上手になっていきます。この基本のくり返しがあるから、試合のときの変化するボールを打ち返せたり、速い打球を捕れたりできるわけです。

感謝もこれと同じです。「ありがとう」の波を出す練習をくり返すと、たとえば嫌いな人が投げてきたボールに対しても、うまく「ありがとう」で対応できるようになります。「ありがとう」の波をジワーッと出せるあなたは、嫌いな人より振動数の高い状態にいます。その波は相手に入るので、嫌いな相手も変わっていくのがわかります。その場の振動数が上がっていき、力を発揮しやすい空間になります。

「能力を上げたい」「望みを叶えたい」と思うなら、**あなた自身が「ありがとうの波」の**

状態で存在することです。

それは確実に周囲に伝播《でんぱ》します。そして環境は変化します。何よりあなた自身が変わります。周りの人は穏やかで幸せで優しい気持ちになっていきます。そして「最高のあなた」を発揮できるようになります。

とにかく、まずはやってみましょう。短期間のうちに、そしてびっくりするくらい状況が変わりますから。

フォトンの質を高めると「場」は整っていく

前章（時間の章）では、集中が高まると「意識時間」が多くなり「時間密度」も高くなると話しました。時間が濃くなり、より多くのことや深いことができる。情報やエネルギーをもらいやすくなる。

その人の周りのフォトンの情報量

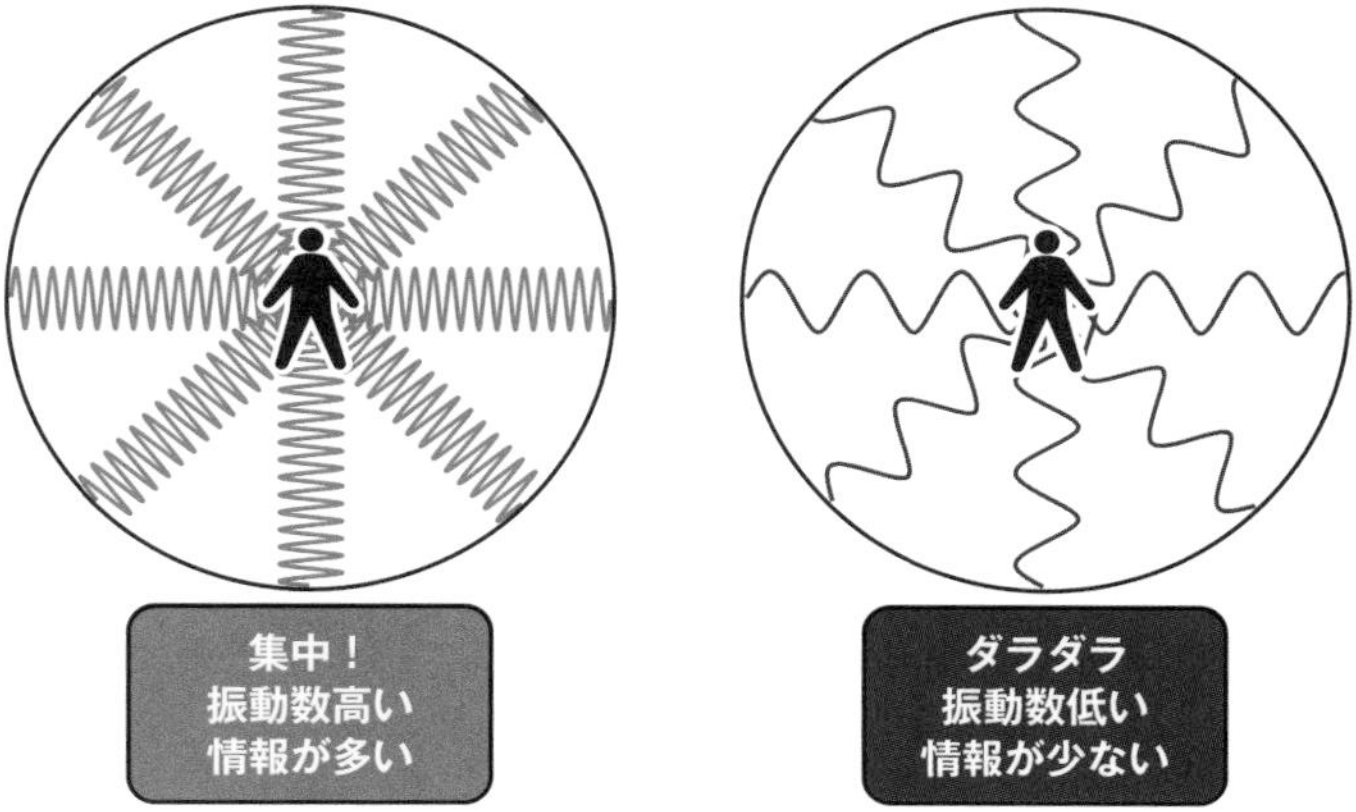

逆に、注意散漫だと「時間密度」は薄くなり、2分の1とか3分の1になる。

空間でも、これと同じことが起こります。

あなたがすごく集中しているとき、あなたが発するフォトンの振動数は高くなります。すると周囲1メートルくらいの波の数が多くなります（範囲は人によって違います）。

ダラーッとしているときはフォトンの振動数は低く、周囲の波の数も少なくなります。

全国大会の決勝会場などに行くとわかりますが、選手の周りだけ空気感が違っていることがあります。

プロのスポーツ選手や有名芸能人も、体の周囲に独特の空気感を放っています。

それは「**意識の濃さ**」です。その人の周囲の振動数が高くなっているのです。それが周囲に広がっていきます。振動数の高い人に会うと圧倒されてしまうのは、このためです。振動数の高い波の中には、多くのエネルギーや情報が畳み込まれているのです。

私は大学時代の空手の大会で、次のような体験をしました。

空手の「組手」の試合での出来事です。日体大、帝京大、近畿大など強豪大学の相手と対戦したときに足が出ないのです。「怖い」とか「ひるむ」とかではなく、彼らの構えている空気の層が厚すぎて踏み込めない。**空気の濃さがバリアのようになっている**のです。

そんな状態で私が考えたのは、整った空気を乱すことでした。お互いに氣《き》を張った（集中の高まった）間合いの中で、私は瞬間的に離れたり、「ピクン！」と動いたりしてみました。すると**空間にゆがみが生じる**のがわかりました。その一瞬を突き、私は技を決めることができたのです。

意識を濃くすると空間の密度も増していく

「意識」の濃さによって、その「場」の空気感は変わります。

では「意識が濃い」とは、なんでしょう?

どのような状態を言うのでしょう?

空手で言えば「錬られてきた」というイメージが近いのかもしれません。

「錬られてくる」という感覚は宮本武蔵の『五輪書』の中にも出てきます。

「千日の稽古を鍛とし、万日の稽古を錬とす」という一文です。剣の素振りを千日(約3年間)続けると「鍛」えられてくる。1万日(約30年間)続けてやっと「錬」られてくると武蔵は言います。私はこの一文に高校時代に出合い、大きな影響を受けました。

たとえ「千日、万日」の稽古を積んでも「意識」が集中していなければ錬られない。私は武蔵の言葉を、このように受け取ったわけです。

たとえば、あなたは１０００粒のフォトンを出せたとします。「剣道の素振り」をするときに意識を集中して真剣にやれば１０００粒のフォトン全部が素振りに注がれます。でもあなたが「ただの素振りだろ」と気を抜くと意識が散り、フォトンも散らばります。さらに「お腹すいたなあ」（２００粒）、「やりたくないなあ」（２００粒）、「まだこんな時間か」（２００粒）と意識を散らせば、素振りには４００粒しか注がれません。

素振りに１０００粒注ぐ人と４００粒の人では、「鍛えられ方」が明らかに違います。しかも１０００粒すべてを注いで集中する人は、日々くり返すうちに、内側の「ゼロポイントフィールド」側から湧き出るように３０００粒、５０００粒、１万粒が出てくるようになる。これが「錬られてくる」という感覚です。

空間や時間の密度は濃くなり、たくさんの情報を入れることができるようになります。

もしあなたが何かを達成したいなら、そのために勉強や練習をしているなら、こうなるようにトライしてみたらよいと思います。

勉強や練習があなたの肉体の中だけで完結するのではなく、**あなたから発したフォトンの粒や波が周囲に広がっていくイメージでやってみる。**すると、周囲の空間は、濃さをどんどん増していきます。

高い振動数の人と共振すると自分以上の力が出る

空間の振動数が高くなると、あなたの脳はゼロポイントフィールドの高い振動数帯とつながるようになります。

浪人生時代、私も次のような体験をしました。

・数学の問題を読んでいたら、頭に図形や物体が現れてきた。
・物理の問題を読んでいたら、頭に現れた物体がクルクル回り、方程式が飛び出てきた。
・英語の長文を読んでいたら、用紙上の単語や一節が盛り上がったり色が濃くなったりした。

不思議なことに、文章から答えが浮き出たり、いろいろな背景が見えてきたりしたのです。

前に書かせていただいたように、集中力の高い仲間たちと振動数の高い「空間」「時間」を共有していたことも影響したかもしれません。私のフォトンが共振して振動数が高まり、さらにそれが空間や時間を濃くしていった。その結果、高い振動数帯から情報がもたらされた、と考えられるのです。

アーヴィン・ラズロ博士はこう言っています。

「脳は究極の保存媒体であるゼロポイントフィールドに対して、単なる読み出し機構に過ぎない」

つまり、脳はゼロポイントフィールドにアクセスして情報を引き出しているのだと博士は言っているわけです。

これまで紹介したようにエジソン、アインシュタイン、モーツァルト、ジョン・レノン、みんな同じようなことを言っています。もちろん自分では意識せずに……。

ゼロポイントフィールドの高い周波数帯には、同じく高い振動数の人がアクセスしており、その人たちともつながりやすくなります。

振動数の高い波を発する者同士が共振する場。ゼロポイントフィールドにはそんな働きがあると私は考えています。

いつもいる場所は、なぜあなたに力をくれるのか

また質問です。

あなたは「慣れた場所」と「初めての場所」では、どちらが力を発揮できますか？

ほとんどの人は「慣れた場所」と答えるでしょう。

スポーツの世界で「ホームグラウンドでのゲームは有利」と言われるのもこのためですね。ファンの声援を得られることも有利に働きます。

量子力学的にも、ホームグラウンドは有利だと説明できます。

今まで話してきたように、あなたの体も周囲の物体も素粒子の集まりです。

素粒子の雲がモワモワしているような存在でしたね。

ホームグラウンドでの練習中、あなたからは「集中のフォトン」が飛び出ています。そ

のフォトンは壁や床、道具などにどんどん突入していきます。

1日に100粒、10日で1000粒です（実際には10の何十乗個）。

私はこれを**「オーラのマーキング」**と呼んでいます。犬がおしっこをかけて縄張りをつくるように、自分の「意識」を飛ばしてマーキングをする感じです（笑）。

ホームグラウンドにはあなたの意識が溜まっています。その空間の振動数とあなたの振動数が共振しやすいのはわかりますね。このため波が整いやすく、力を発揮しやすくなります。さらにホームグラウンドではファンの意識（フォトン）が高まってあなたの振動数を上げてくれるので、ますます有利になるというわけです。


さて、ホームグラウンドはスポーツの場だけではありません。台所仕事の多い人ならキッチンがホーム。家族を「喜ばせる」「健康にする」という意識がそこに溜まっています。「キッチンにいると落ち着く」とか「疲れていても元気が出る」というのは、場に溜まったフォトン（エネルギー）が助けてくれるからです。

そう考えると**「慣れた場所」**にますます愛着や感謝が湧いてきませんか？

「いつもありがとう」「今日もありがとう」と感謝の波をジワーッと送ると、どんどんフォトンが溜まり、空間が整っていきます。

ダラダラフォトンが溜まった場の切り替え方

あなたがどんな態度で過ごすかで、その空間の振動数は変わっていきます。

いつもダラダラなら「ダラダラフォトン」だらけです。

その空間では、いくら努力しても振動数は上がりません。

はっきり言って、そこでやるのはムダです。他の場所でやることをおすすめします。


「でも、その空間しかない。なんとかならないか?」

はい、なんとかなります。空間をリセットすればよいのです。

もし、何か効率が悪いとか、なんとなくうまくいかないと感じるなら、次のようにして**よくないフォトンをリセット**してみましょう。

まずは空間をリセットする前に、あなた自身を整えます。

「集中の高い場所」や「集中の高い職場」に行くのが、手っ取り早い方法です。業績の良い会社や結果を出している人を訪ねてみる、強いスポーツチームの練習会場に見学に行く、評判の良い勉強会や体験会に参加するなどです。ライブやコンサートなどに行ってみるのもおすすめです。

「集中フォトン」の高い場を実際に見たり、入ったり、浸ってみたりするのです。すると「集中できる空間」の感覚をつかむことができます。これだけでもあなたのフォトンが高まり始めます。心が軽くなったり、やる気が湧いてきたりするのがわかるはずです。

その後、ホームグラウンドに戻ってみると、不思議なくらい「集中のフォトン」が出るようになります。

こうなったら「オーラのマーキング」です。高い集中のフォトンを飛ばすように心がけて、その場にフォトンを蓄積していきます。

前に紹介したような音楽、植物、祈り、感謝の力も借りてみます。

3～4日で「あれ？　なんか前と違う」と気づくはずです。少しずつ空間の振動数が高まり集中できることが実感できるでしょう。

あなたのいる空間に「祈り」を取り入れる

祈りや感謝は、空間の振動数を高める最高の方法です。

筑波大学名誉教授の村上和雄先生は、祈りに関して次のような報告をされています。

アメリカでエイズ患者20名に対して実験がおこなわれました。

20名を10名ずつAとBの2つのグループに分け、同じ医療行為がなされます。

Aグループに対しては、遠い場所から「健康で生き生きと生活してほしい」という祈りが捧げられます。このことは患者や医療従事者には知らされていません。

Bグループに対しては、祈りは捧げられません。

AとBの患者に効果の違いは見られたでしょうか？

結果はこうです。
Aグループ：10名全員が良い方向へと改善した。
Bグループ：10名のうち4名が亡くなり、6名の症状が悪化した。

もうひとつ紹介します。

A「他の人から祈ってもらう患者」

B「他の人のために祈る患者」

AとB、あなたはどちらの患者さんが治りやすいと思いますか？

じつはこれを試した人がいます。ジャーナリストのリン・マクタガートさんです。

数か月間、祈りの場に来た人たちに「脳腫瘍のジョージさんが治りますように」と祈ってもらったところ、ジョージさんに変化は見られませんでした。

そこで今度は、ジョージさんご本人に「他の人の病気が治りますように」と祈ってもらいました。するとジョージさんの脳腫瘍は消えてしまったのです。

つまり、結果はBの「他の人のために祈る患者」のほうが「はるかに病気の治る率が高い」ということです。

なぜそうなったのか？　その仕組みは「人のために自分を生かし祈ることでゼロポイントフィールド側があふれ、正常状態に戻った」と考えられますが、とにかく起きたことは事実です。祈りのフォトンの強さを実証していると言えるのではないでしょうか。

そうであるとすれば、さっそくあなたの生活に「祈り」を取り入れてみませんか？

祈りは、量子力学的に言うと、次のような効果があると考えられます。

①部屋の振動数が高まる
②あなたの肉体振動が高まる
③周りの人の振動数も高まる

植物を部屋に置くと振動数はアップする

植物があると、空間に清涼感が漂います。気持ちが穏やかになる人もいるでしょう。

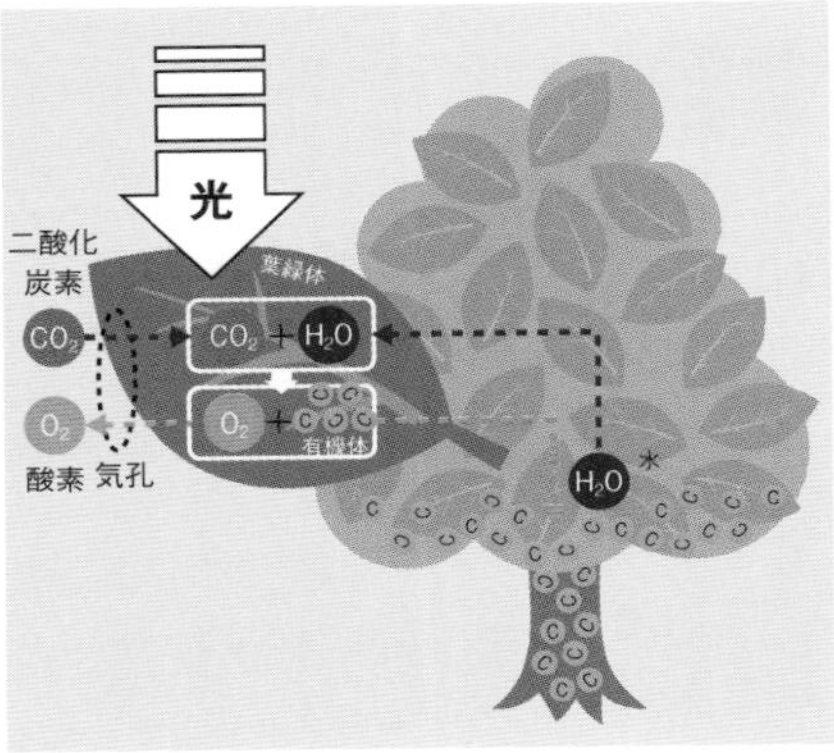

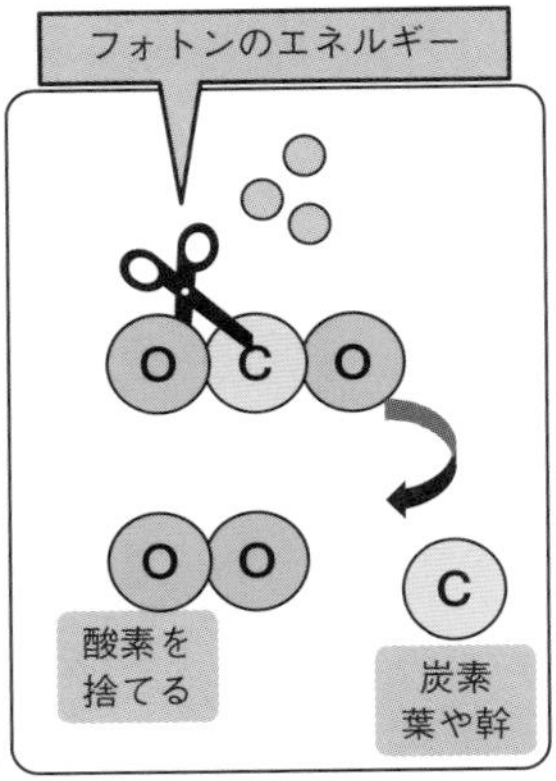

植物には次のような性質があるからです。

①二酸化炭素を吸収する
②酸素を出す
③バイオフォトンを出す
④私たちのフォトンを吸収する

植物は私たちが吐いた息（二酸化炭素）を吸って酸素を出しています。だから空気がきれいになると、小学校の理科で習いましたね。その仕組みを簡単に説明します。

植物は太陽光（太陽から出るフォトン）を吸収します。細胞内の葉緑体という工場では二酸化炭素（CO_2）をフォトンのエネルギーによって切断します。そして炭素（C）は植物の体に取りつき、余った酸素（O_2）を体外に捨てる。これがその仕組みです（前ページの図）。

「バイオフォトン」は私たちが出す「かすかな光」のことです。犬や猫、カエルや金魚、サボテンやヒマワリなど、生物はどれもバイオフォトンを出しています。

それが「意識」です。

生物の出すバイオフォトンは、私たちのフォトンと共振します。観葉植物のある部屋で、あなたが心地よく感じるのはこのためです。

植物は私たちの意識（フォトン）も吸ってくれています。あなたが悪いフォトンを出せば植物はそれを吸って元気がなくなり、良いフォトンを出せばそれを吸って生き生きとします。**「ケンカの多い家庭では植物が早く枯れる」**と言われるのはこのためです。

家に植物を置いてみると、あなたがどのようなフォトンを出しているかがわかります。

私の塾に置いてある観葉植物の話をしましょう。

塾には大人が抱えきれないほどの大きな植木鉢がふたつ。高さ2・5メートルのモンステラと2メートルのガジュマル（2本）がそれぞれ植えられています。

ちなみにガジュマルは「100均」の300円商品でした。塾のスタート時に買った小さなガジュマルが6年間でこんなに大きく育ったのです。

塾には1週間に延べ150名ほどの人数が集まります。人が多いとさまざまな意識（フォトン）が飛び交うので、ふつうなら植物は疲れ果てて枯れてしまいますが、うちの塾の植物くんたちは元気です。

ひとつは祈りの効果だと考えられます。私は「塾に来てくれた子たちがみんな、本来の自分、最高の自分で存在できるように」と、毎朝のお祈りのときに植物くんたちにお願いをしています。

そのフォトンを1回入れておくと、彼らはそれを理解し、そのフォトンの振動数を覚えて、そのフォトンを増殖し続け、発振してくれている感じです。

保護者の方が来られると「塾の良い空気を味わえて元気が出ました」とおっしゃってくださいます。ありがたいことです。

このように、**植物はしっかりと意識（フォトン）を出してくれます。**あなたのフォトンと共振して振動数を高めてくれますし、あなたの意識を「ゼロポイントフィールド」とつながりやすくしてくれるのです。

第6章

量子力学的メンタルの習慣

——最高の結果を出し続ける方法

「時間」と「空間」と「メンタル」。
この3つを操ることができるようになれば、
「神ってるレベル」の力が出せるようになります。
「なりたい自分になる」のも、
「うまくいかない人生を好転させる」のも、
すべてはあなたのメンタルから始まります。

あなたのメンタルの状態が人生を決める

「メンタル」とはフォトンそのものです。

緊張している、やる気満々、不安で仕方がない。

あなたの「意識」には、それぞれ振動数（Hz）があります。

たとえば、やる気がないときは「50Hz」、緊張しているときは「200Hz」、穏やかなときは「1000Hz」、不安なときは「70Hz」というように振動数の高低があります（本来は10の何十乗Hz）。

フォトンが激しく揺れているときは振動数が高く、フォトンの揺れが少ないときは振動数が低くなります。

そして、そのフォトンは周りにも飛んでいきます。

さて、あなたの中のフォトンはどこから出て、どこに行くのでしょう？

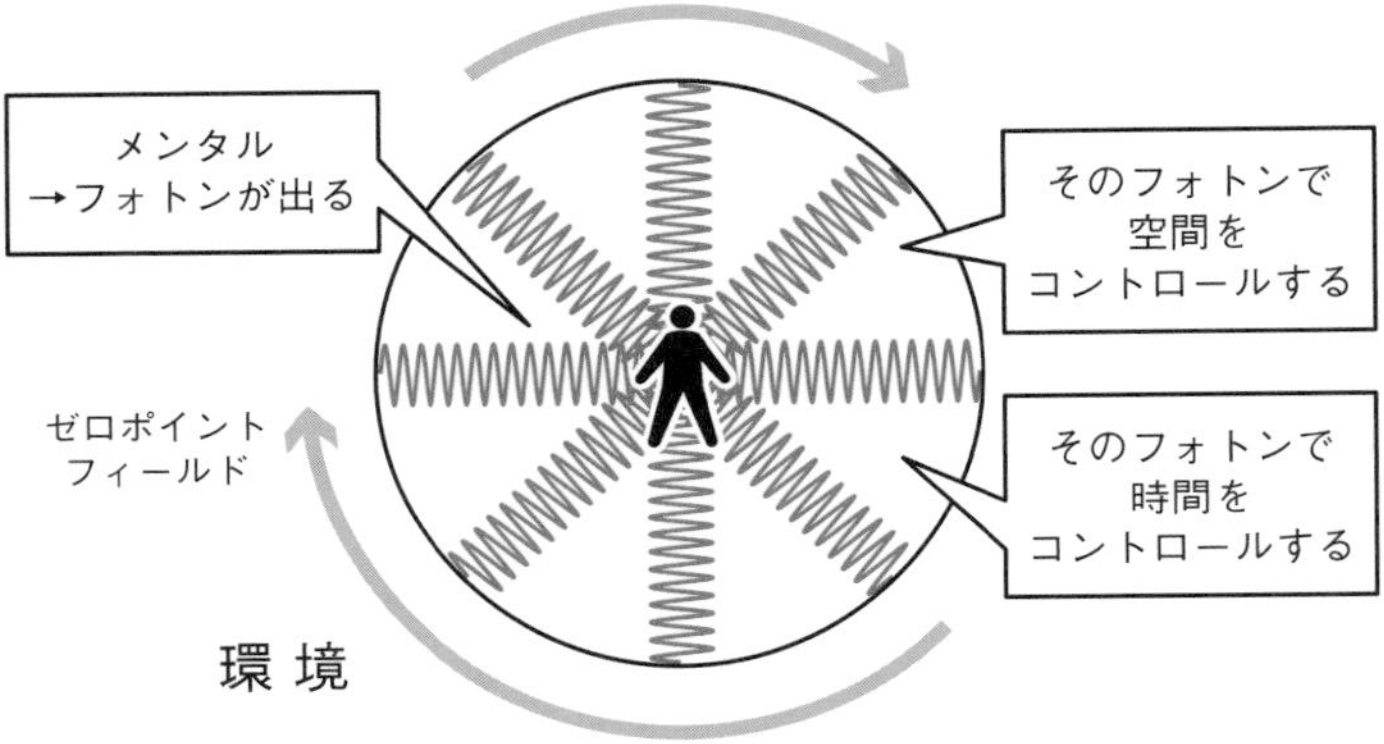

「フォトンの流れ」を整理してみましょう。

①ゼロポイントフィールド（エネルギー）

↓

②メンタルの状態と同じフォトンが出る

↓

③時間密度、空間密度がフォトンの振動数（Hz）によって決まる

↓

④あなたの環境をつくる

↓

①に戻る

私たちはこの①～④のループを絶えずくり返しています。

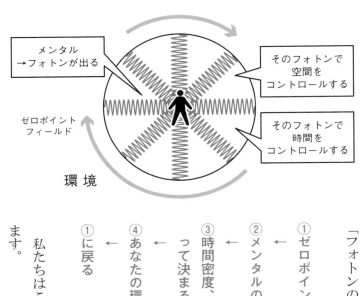

では質問です。

この「フォトンの流れ」の中で、最も重要なのはなんだと思いますか？

はい、②ですよね。あなたのフォトン＝あなたのメンタルの状態です。

メンタルが時間密度や空間密度を決め、あなたの環境をつくるからです。

メンタルの状態が良いと（振動数が高いと）好循環となり、メンタルが悪いと悪循環になる。極論を言えば、あなたのメンタル（意識）で人生は決まるということになります。

うまくいく人生か、うまくいかない人生か。それはあなたの意識が決めているのです。

あなたが真っ先にやるべきことは自分を認めることです

もしあなたが今の人生を「うまくいっていない」と思うなら、まずメンタルを変えること。真っ先にやるべきは「自分を認めること」です。

自分を否定することをやめ、自分らしさや自分の素晴らしさを認めればよいのです。
これだけで、あなたのフォトンは確実に変わっていきます。

私はこのような本を書いていますが、数年前までは人生のどん底を這《は》っていました。その原因は明らかです。自己否定をくり返してきたからです。

私のメンタル（フォトン）が「自己否定」だったので、時間も空間も「否定のフォトン」だらけになり「私を否定する環境」がつくられます。「自己否定」の波が他の人と共振し、どんどん「私を否定する出来事」を引き寄せてしまうのです。そして私はうつ病になりました。

無限とも思える自己否定ループから抜け出せたのは、私が自分を認め始めたからです。

「自分ほめ日記」（73ページ参照）を書くうちに、私のメンタルが変わりました。

私たちは生きていることが奇跡なのだ、生きているだけで素晴らしいという思いと、「生かされていること」への感謝が湧き出てきました。

それを境にして、私の人生はウソのように好転し始めたのです。

そもそもあなたは最初から「神ってる」存在です

科学は発達しましたがロボットは肉体をつくれません。どんなに頑張ってもムリです。

でもあなたは生まれたときから、故障することもなくそれをしています。50センチだった身長は160センチになり、3キロの体重は50キロになりました。

動物の肉や魚を食べても、穀物や野菜を食べても、あなたのDNAが入った体になる。

これはロボットには不可能です。細胞が共振しないとできないからです。

あなた専用の肉体の一部である臓器を外部でつくるとしたら?

京都大学iPS細胞研究所ならできるかもしれません。でも大金を払い、長期間かけて、超優秀な研究者が何人も携わることになる。それでもおそらく完全な体はできません。

あなたはひとりで、数時間で、当たり前のようにそれをやっています。

本当にすごいことなのです。

いったいこれは誰が教えたのでしょうか。誰がつくったのでしょうか。

赤ちゃんはおっぱいやミルクしか飲みません。でも赤ちゃんの体には赤い血が流れています。肉や骨が少しずつ大きくなり、毛や爪も生えます。よだれも出る。ウイルスが来たらそれをやっつける。お腹がすいたり、うんちをしたり、不快なことがあったら泣いて教える。

すごくないですか、赤ちゃん！

あなたは生まれたときから「神ってる」存在なのです。

あなたの体はものすごいものによって動かされています。自分で動かしていないことは明らかです。何が動かしているのでしょう？

そのエネルギーの源が「ゼロポイントフィールド」です。

あなたがテストで失敗しても、仕事で赤字を出しても、最愛の人にフラれても、人生がものすごくイヤになっても、その次元とはまったく違う深い次元でゼロポイントフィールドとつながり、エネルギーを得ています。

あなたにはそんな「奇跡の仕組み」が備わっています。というより、あなたの存在自体が奇跡なのです。あなたは生かされているのです。

自分を認め始めると、どんどん自信が満ちてくるのはなぜ？

もしあなたが今、対人関係で孤独や寂しさ、不満を感じているなら、次のような考え方が参考になるかもしれません。「他己評価は自己評価の10分の1」というものです。

以前の私は「まだダメだ」という自己否定と「認めてもらいたい」という願望の間で苦しんでいました。「オレはこれだけやっているのだから認めてよ！」とエネルギーを出しても認めてもらえず、寂しさが増していきました。

なぜ私が満たされなかったのか？　その仕組みを説明します。

「他己評価は自己評価の10分の1」とは、逆に言うと「あなたの自分への思いは、他者があなたを思うより10倍強い」ということです。

たとえば私が周りの人から「よくやったね」と「プラス1」の評価を受けたとします。でも私は「まだダメだ、認めてくれ」と思って「マイナス10」を自分に与えている。このため私からすれば、差し引き「マイナス9」の評価となります。

そして「もっと認めて！」と行動するほど「マイナス9」が自分の中に溜まっていく。

だから、行動すればするほど苦しくなっていったのです。

でも、自分を認めるようになると、正反対のことが起こります。

「オレはよくやっている！」という自己肯定が根底にあると、自分への評価は常に「プラス10」になる。すると周りの評価が「マイナス1」だとしても「プラス9」が残ります。

行動するたびに「プラス9」が自分の中に蓄積され、心が満たされるというわけです。

「自分はダメだ」という否定からスタートするとどんどん苦しくなり、「自分はよくやっている」と肯定からスタートすればどんどん楽しくなり、自信が満ちてくる。

面白いでしょ？　**自分を肯定するか否定するかで、結果は大きく違ってくるのです。**

あなたがやっている良い行いは自分に跳ね返ってくる

次は量子力学的に考えてみます。

たとえば「私はこれだけやっているのに、ダンナは全然見てくれない」というケース。こういうことありますよね？　私もよく相談を受けます。

奥さんは朝から食事やお弁当をつくり、洗濯、掃除、買い物、アイロンがけ、夕飯の準備と一日中忙しく働いている。でもご主人からの評価は「この料理うまいね！」のひと言だけ。奥さんからすると「えー？　私のこと全然見てくれてないじゃん！」となってしまうのです。

でも、奥さんは悲しむ必要はありません。ご主人が評価してくれなくても、奥さんの行動はちゃんと評価されて返ってくるからです。

人知れずおこなっている行動は、日本では昔から「陰徳」と呼ばれ、すべて積み重なっていきます。たとえばご主人の健康を考えて料理をつくったこと。家族が気持ちよく着られるようアイロンをかけたこと。トイレの隅々まで掃除をしたこと。コンビニの前に落ちていたゴミをゴミ箱に入れたこと。駐輪場で倒れていた自転車を立てたこと。電車でおばあさんに席を譲り「お気をつけて♪」と声をかけて降りたこと……。

すべての行為は、ゼロポイントフィールドに刻印されます。

それはあなた自身をつくる素粒子となり、あなたから出るフォトンとなります。あなたが「愛」や「感謝」の意識でとった行動は振動数が高い（＝エネルギーが高い）ものです。

すぐには評価やお金にならなくても、高いエネルギーや高い振動数であなたに返ってくることになります。あるいはゼロポイントフィールドを介して、意外な人やひょんな場面で返ってくることになります。

古くからの諺で「棚から牡丹餅《ぼたもち》」とか「瓢箪《ひょうたん》から駒」というのは、そのことだったのです。

すぐに行動に移す「素直」さが思考を現実化させる

「素直」という言葉に、あなたはどんなイメージを持っていますか？

「はい！」と返事をすること？　言われた通りに従うこと？

辞書には「ありのまま」「ゆがみがない」とか「純朴・素朴」と書かれています。

じつはこの「素直」ということが、量子力学的にはとても重要です。

量子力学的な「素直」とは「行動に移すスピードが速い」ということです。

たとえば、この本を読み「なるほど！　愛や感謝のフォトンは振動数が高いのか」とわかったとします。これを「そのまま受け入れる」のが素直なのではありません。

「読んですぐに行動する」ということが量子力学的な素直です。

明日とか3日後ではなく「0秒で」「その直後から」行動するということです。

あなたが「なるほど！」と感じたとき、「あなたのフォトンの波」と「あなたの周りの波」が共振を起こしています。

その瞬間が最も現象が動くときです。

振動数が高く、エネルギーが高いからです。

波が動いているうちに行動を起こせば、それは次の波を引き起こします。でもそこで動かなかったら波は静かになり、やがて収まってしまいます。

私が所属している「倫理法人会」という経営者の勉強会があります。その勉強会では毎朝『万人幸福の栞《しおり》』という本を読みます。その本の中にこんな一節があります。

「気づいた時――それはその事を処理する最好のチャンスである。それをのばせば、次第に条件が悪くなる。事情の最も高潮に達した時、その波動（うごき）が、人の脳に伝わって気がつくようになっている」

「波動」の文字に「うごき」と読み仮名がふってあり、ここを読むたび「まさに！」と私は感じています。

「ゼロポイントフィールド」側から寄せられる波（情報）がまさに「波動」ですが、これをあなたの脳が受信したときが「気づいたとき」なのです。

「あ、なんかやりたい！」「あ、連絡取ってみよう！」

その瞬間、あなたはゼロポイントフィールド側から寄せられてきた波（情報）を受け取っています。

だから、その瞬間に動くこと。波が共振したときに動くことで、状況は動きます。また、波は広がっていきます。

さあ、気づいたあなたは、今すぐ行動してみましょう。

もちろん、なんでもかんでも「動けばよい」というわけではありません。

「ん？」とか「ちょっと待て」などと思う場合は放っておき、「なるほど！」とか「やりたい！」と思う場合には動く。ゼロポイントフィールド側からの波（情報）に、あなたの波が共振すれば、自然と動きたくなるものです。

また、そのときは放っておいた情報が、あなたにとって本当に必要なものなら、ふたたびやってきます。

「私が私を生かす」という魔法の言葉

量子力学的に見ても、とても素直な方がいらっしゃいます。私の話に共感し、すぐに行動に移してくださった「みとこさん」の話を、みなさんにも聞いてほしいと思います。

２０１８年12月。仙台から東京まで私の２日間の勉強会に来てくださった女性（千鶴子さん）がいます。その方は大変感動してくださり、福島に住む妹さんに伝えたそうです。

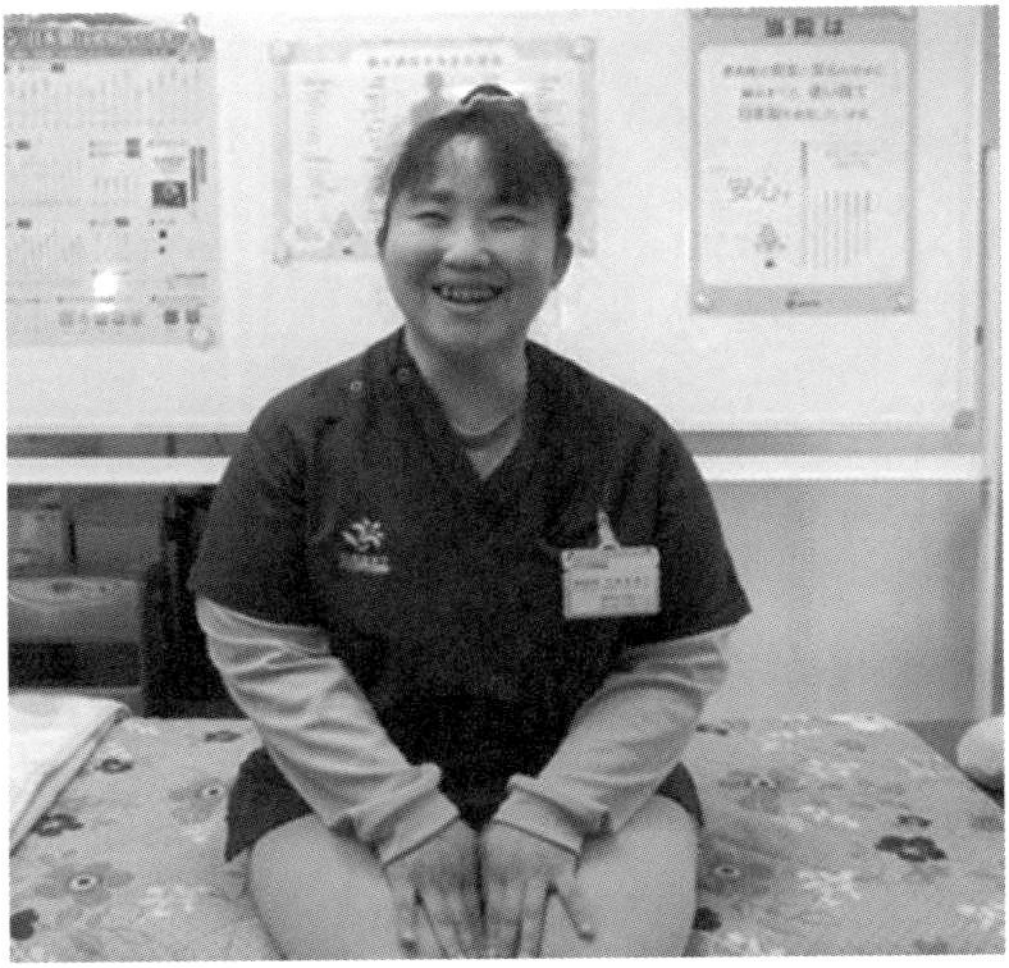

その妹さんが「みとこさん」です（写真）。彼女は光も感じない全盲です。

お姉さんの話を聞いて共感されたみとこさんは、私の「メルマガ」を音声読み上げで聞くようになりました。そして2019年5月に福島から東京まで来てくださったのです。

全盲のみとこさんは、東京まで夜行バスで来られ、そこからはガイドヘルパーさんの介助を受けて私のところに来られました。

初めて会ったみとこさんは、私と年齢は変わらないのに、少女のような笑顔をされます。一点のくもりもない笑顔に私は感動しました。

それ以来、何度も学びに来られ、ご自身の意識も家族関係もどんどんよくなっていくと笑顔で話してくださいます。

みとこさんは1型糖尿病という持病があり、体の中でインスリンをつくることができません。食後に上がる血糖値を下げるため、小学校の頃からご自身でインスリン注射を打っていました。そして22歳のときに糖尿病の合併症で全盲となったのです。

当初はとてもつらかったようですが、友だちがバイクで北海道のツーリングに連れて行ってくれて、そのときの楽しさをキープしながら今では「全盲は不便だけど不幸ではない」とおっしゃいます。

みとこさんは私の勉強会で学んだことをもとに独自の「祈りのことば」をつくりました。毎朝毎晩それを唱えるそうです。とても素晴らしい言葉なのでシェアさせていただくことにしました（次ページ参照）。

あなたもこの「祈りのことば」を唱えてみるとよいと思います。〇〇の部分には、あなたのお名前を入れて読んでみてくださいね♪

祈りのことば

今日も世界の安寧のために、世界のために、私は天の意志の下で働きます。
私は〇〇を生きます。
私は〇〇を生かします。
私が私を大切にします。
〇〇を生かし、〇〇が悦び、周りが悦ぶ形で存在し、
周りにその悦びが広がりますように、
私は最高の自分を発揮します。
ありがとうございます。
今日も地球のすべての人々が、素晴らしい素敵な一日を過ごすことができますように。

みとこさんは現在、メンタルも体の状態もとても良いと言っています。そして、鍼灸《しんきゅう》指圧師として仕事をスタートし、見事に自分を生かしています。

「祈り」を生活に取り入れる

みとこさんの「祈りのことば」を紹介したのは、「祈り」が振動数（Hz）にとても良い影響を与えてくれるからです。

私も毎朝、自宅の仏壇や神棚に「お祈り」をしています。また塾（仕事）に行ったらすぐに神棚と他の3つの部屋にお祈りをし、帰りにも祈ります。そして、帰宅後はまた仏壇や神棚にお祈りをします。

ただ祈るだけでなく、それを言葉に乗せることが大切です。

そもそも「祈る」というのは「い・のる」。自らの「意」（意識）を「宣《の》る」（宣言する）ということです。

つまり「祈り」とは、「意識」を言葉に乗せて外に飛ばすことと言えます。

「意識」を向けるだけでもフォトンは飛びますが、「祈り」や「言葉」を発することによってフォトンがさらに広がっていきます。

また「祈り」はメンタルを整えるので、あなた自身の振動数も上がっていきます。
こうした相乗効果で、**空間と時間の密度はどんどん高くなっていく**というわけです。

以前、私は一度、祈りを欠かしたことがありました。20分ほどの祈りの時間を省いて、仕事を優先させたのです。その結果、かえって仕事がはかどらないという経験をしました。

たとえるなら、祈ってから仕事をするときは「1万Hz」、祈らないで仕事をするときは「1000Hz」。私の中ではそれくらいのパワーの違いを感じました。

20分の祈りを省略したばかりに力が出ず、発想も乏しくなります。邪念や邪魔も入り込んできて集中が途切れます。そうしたことをトータルで考えた場合、祈りをしたほうが、圧倒的にスムーズに仕事が運ぶことがわかったのです。

祈りをしてから仕事をすると「ゼロポイントフィールド側」とつながり、大きな力を得ている感覚があります。逆に、祈らずに仕事をすると「人間側」のマンパワーだけで仕事をしているような限界を感じるのです。

やってみれば、あなたも実感できるはずです。これまでいかにせまい世界で苦労をしていたのかと。たった数分間の祈りで、あなたの世界は確実に広がっていきます。

「できる！ 大丈夫！ 余裕余裕！」という魔法の言葉がけ

大事な試験や試合の前に「大丈夫かな？」と不安になったことはありませんか？

そんなときに覚えておくとよい効果絶大の「言葉がけ」があります。

それがこれ！


「できる！　大丈夫！　余裕余裕！」

「世界のために最高の自分を発揮します！」


その効果は、私の塾生や勉強会に参加するみなさんが実証してくれています。

ピアノ教室の先生は、県のコンクールの出番直前にステージの袖で生徒たちに、「できる！　大丈夫！　余裕余裕！」と言葉がけをさせました。

その結果、すごいことが起こりました。幼児の部、小学1～6年の部、中学1～3年の部のすべての部門で優秀賞を獲得し、上位大会へと進出したのです。

塾の生徒たちも大事な試合前には、この言葉がけをするようです。その結果、アーチェリー、テニス、サッカー、卓球などで関東大会や全国大会への出場を果たしました。

また、プロ野球のピッチャーにもお話をさせていただきました。彼は近年、リリーフでの登板が増え、活躍を新聞で見ることも多くなっています。彼にＬＩＮＥで「すごいじゃないですか！」と伝えると、「試合前はいつも『世界のために最高の自分を発揮します！』と言っていますよ」と返信がありました。

スポーツをしている人は、試合前などによく「頑張ります！」とか「絶対勝ちます！」などと言いますよね。しかしその言葉によって脳波はベータ波やガンマ波になり、動きがぎこちなくなったり緊張につながったりします。

ところが「世界のために最高の自分を発揮します！」という言葉がけをすると、メンタルの「内側から湧き上がるフォトン」が「最高の自分発揮フォトン」になります。それがあなたの周りへ広がり、**時間と空間の密度を高めてくれる**のです。

ぜひ使ってみてくださいね。無料でエネルギーが得られ、力がみなぎってきますよ。

誰もが驚く言葉がけのパワーテスト

言葉がけだけでフォトンが変わるなんて、ウソでしょ？

いいえ、本当に変わります。

信じられない方は、次の実験を試してみてください。言葉がけで体にみなぎる力がどれくらい変わるかを知る「パワーテスト」です。

ふたりでおこないます。

①Aさん（試される側）は、両手をグーにして、胸の前で上下に強く合わせます。

②Bさん（試す側）は、Aさんが合わせている手を引き離そうとします。

　Bさんは、このときのAさんの力がどれくらいかを覚えておきます。

③次に、Aさんは「頑張ります！　頑張ります！　頑張ります！」と3回言います。その後、同じようにグーにした両手を胸の前で強く合わせ、Bさんはそれを引き離そうとし

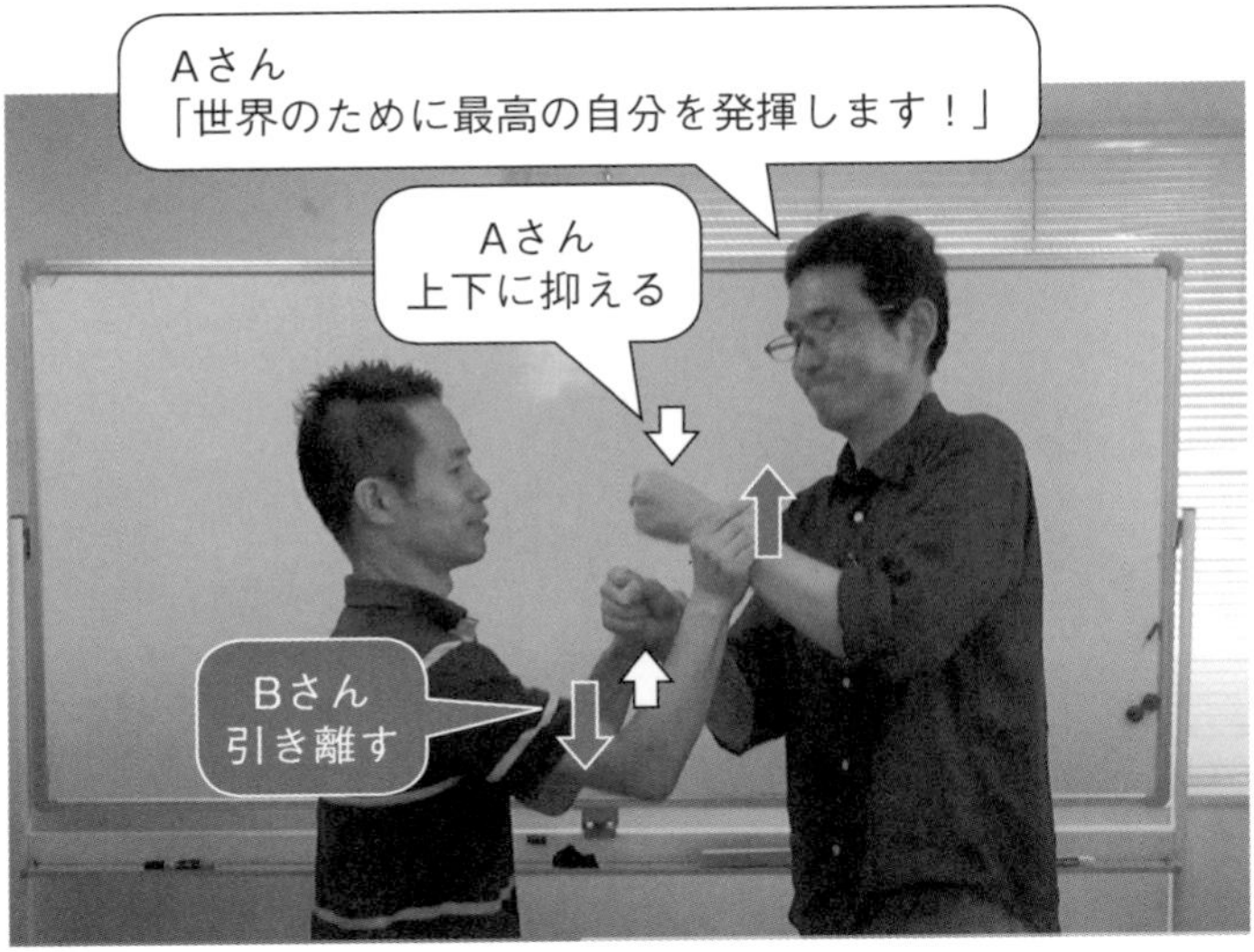

ます。

Bさんは、このときのAさんの力がどれくらいか確認します。

④次に、Aさんは「世界のために最高の自分を発揮します！」と3回言います。その後、同じようにグーにした両手を胸の前で強く合わせ、Bさんはそれを引き離そうとします。Bさんは、このときのAさんの力がどれくらいか確認します。

どうでしたか？

④の「世界のために最高の自分を発揮します！」と言葉がけをしたときが、いちばん力が入ったのではないでしょうか。

これは、言葉がけによってフォトンが変わ

ったからです。

「言葉がけ」をすることで、Aさんの「意識」(メンタル)が変わります。

そしてAさんから出るフォトンは、「世界のために最高の自分を発揮します!」という言葉のフォトンに乗って広く飛んでいきます。これによって周りの振動数(Hz)も変わります。

これがさらにAさんにも跳ね返り、力がみなぎってくるという現象が起きたのです。

あなたもぜひ、この言葉がけを試してみてください。周りのフォトンが変わり、あなたに力を与えてくれますよ。

プラスのトラウマを自分に与えてみる

メンタルを高める方法のひとつに「トラウマを自分に与える」というものがあります。

えー!? トラウマって心の傷でしょ。そんなのわざわざ与えて大丈夫なの?

はい、大丈夫です。ただし与えるのは、「プラスのトラウマ」です。

トラウマ(psychological trauma)は「心的外傷」と訳されます。大きな恐怖や悲しみを味わうと、そこにとらわれて人生が止まったように感じる。あるいは恐怖が頭の中によみがえって動けなくなる。その感情を一生引きずる。トラウマにはそんなイメージがあります。

ここで私が提案する「プラスのトラウマ」は、そのトラウマとは反対の「強烈な喜び」のことです。その体験を思い出すたびに楽しい気持ちがよみがえったり、心の支えになったりする出来事のことです。

あなたは小さい頃、両親や先生から「ベタ褒め」された記憶はありませんか?

今でも思い出すうれしい記憶は「プラスのトラウマ」です。私たちは、「マイナスのトラウマ」と同じように「プラスのトラウマ」も抱えて生きています。

あなたの人生に「プラスのトラウマ」があればあるほど、心は喜びに満ちていきます。

つまり、自分を褒めまくって、あるいは誰かに褒めまくってもらい「プラスのトラウマ」をあなた自身に与えればよいのです。

具体例で話します。

私には3人の子がいますが、この子たちが通うC幼稚園の話です。C幼稚園は毎年2月に1000人規模の大ホールでお遊戯会をおこないます。

子どもたちは大きなステージでスポットライトを浴びて踊ります。これが「プラスのトラウマ」になるのです。両親や祖父母は大きな舞台で踊る子を見て大感激します。涙を流す人も多く「○○ちゃんかわいいね！」「○○くんよくできたね！」「すごい！　天才だね」とベタ褒めします。この体験は「プラスのトラウマ」として子どもの心に深く刻まれます。

「私ってすごいんだ！」「私は周りの人を幸せにできる存在なんだ！」という強烈な「プラスのトラウマ」が園児たちに入ることになるのです。

じつは超人気アイドルグループのSさんは、このC幼稚園の卒園生です。本人に直接話を聞いたわけではありませんが、園児の頃に与えてもらった「プラスのトラウマ」は、彼女に「私の存在は強烈に喜ばれる」という思いを植えつけたのではないか、それが彼女の突出したアイドル性につながったのではないか、と私は考えているのです。

「プラスのトラウマ」の力は想像以上に大きいものです。

誰かが褒めてくれなくても、**あなたがあなた自身を褒めればよい**のです。

少しでも何かができたら、あるいは少しでも良いところがあったら強烈に褒める。

「疲れているのに洗濯物を畳んだ、えらいね、私！」

「電車で席を譲った、すごいね、私！」

「自分から挨拶できた、成長したよね、私！」

せっかく褒めるなら、「うわー！」「天才！」「めちゃすごい！」「最高♪」「素晴らしい♪」「ステキ♪」と大げさに、くすぐったくなるくらいの言葉を添えてみましょう。すると不思議なことに、どんどん楽しくなってきます。

「どうしても自分を褒められない」という人はどうしましょう。まじめで自分に厳しいため「できて当たり前」「やって当然」とハードルを上げてしまう方々です。

そういう方は、小さな子がヨチヨチと歩いている姿に自分を重ねてみましょう。それはかつてのあなたの姿です。歩くのも大変だったあなたが、今は大きく成長し、あれもこれもできる人になった。あなたはめちゃめちゃ褒められるべき存在なのですよ。

「ゾーン」に入れば、すべての「答え」がスラスラ降りてくる

前にも少しだけ触れましたが、「ゾーン」について改めて話しましょう。

じつは「ゾーン」に入った状態とは、「ゼロポイントフィールドとつながり、情報やエネルギーがもたらされた状態」と言えるのです。

ゼロポイントフィールドについて、アーヴィン・ラズロ博士は「究極の保存媒体」と表現し、ハロルド・パソフ博士は「すべての情報を保存している場所」と言いました。

私は「過去・現在・未来のあらゆる情報を周波数として保存しているところ」という言い方がピッタリだと考えています。

前にモーツァルトやエジソンの例を紹介しましたが、彼らもゼロポイントフィールドとつながったのでしょう。いわゆる「ゾーン」に入ったわけです。

「ゾーン」に入ると不思議なことが起こります。塾の生徒たちに聞いた体験の例を紹介したいと思います。

まずは卓球の高校総体・群馬県大会で優勝した生徒の話です。

私が「どうだった?」と聞くと、彼は「相手から来たタマが線になった」と言いました。

「相手のラケットのところにタマがあるんですが、次にどっち方向に来るという線が先に見えて、オレがそこにラケットを出すんです。で、本当にタマがそこに来るんですよ」

次は、サッカーで関東大会に行った中学生の話です。

「相手キーパーがボールを蹴った瞬間に、どこに落ちるかわかったので、オレはキーパーに背を向けて全力で走ったんだよね。そしたらそこにボールが落ちてきた」

生徒の保護者で、剣道の群馬県大会で優勝した方も不思議な体験をしていました。

「決勝戦の団体代表戦のとき、竹刀《しない》を構えていたら、相手の面が光って『ここ!』と感じる瞬間があって、次の瞬間に私の竹刀がそこに行ってたんです。それで優勝しました」

まだまだあります。

「ここを走れという光が見えます。敵の空気がゆるんでいるコースが光で見えるんです」（勉強会に参加したラグビー選手の話）

「相手チームの応援の音楽が大音量なのに、マウンドに立つと音楽が消えて、キャッチャーの声がはっきりわかるんです」（勉強会に参加したプロ野球選手）

スポーツだけではありません。こんな生徒もいます。

その子は学校嫌いのため中学は休みがちでした。でも通信制の高校へ進み、プログラミングや数学にはまりました。小学校の算数の「分数の足し算」もわからないのに、高校数学の積分などをたやすく解いてしまうのです。

プログラミング大会では「近寄ると今の気温を話しかけてくれるロボット」を制作して入賞し、ある企業に引き抜かれました。高校生ながらその企業で製品開発にも携わっています。

彼の頭の中を見ることはできませんが、ゼロポイントフィールドから情報を引き出しているのに違いありません。

あなたのメンタルからすべては始まる

表現は違いますが、「ゾーンに入る」も「ゼロポイントフィールドにつながる」も同じことを言っています。それは「**最高の結果を出せる状態**」です。

本書ではさまざまな方法を伝えてきましたが、その秘訣《ひけつ》は3つに集約されます。

①自分のメンタルを整えること
②空間の振動数を高めること
③時間密度を高めること

そして②「空間の振動数」も③「時間密度」も、①「メンタル」によって決まります。

つまり、メンタルがすべての結果をつくっているということです。

あなたが何を思い、どんな意識を持つかによって、結果は変わるのです。

あなたが目標に向けてすべての「意識」を注げば、あなたから発せられるフォトンの粒が増え、振動数は高くなり、「空間の振動数」や「時間の密度」は高まります。

その結果、**物質化して、目標は現実化します。**

あなたの心が「愛」や「感謝」で満たされれば、あなたの振動数は高まります。ゼロポイントフィールドの高い周波数帯とつながり、強いエネルギーや、あなたに必要な情報がもたらされます。また、同じくらい高い周波数帯の人とつながることができます。高い振動数のさまざまなものを引き寄せてきます。

その結果、人生が愛や喜びに満ちあふれます。人や物質にも恵まれるでしょう。

あなたの意識によって人生は愛や喜びに満ちたものになる――。

ただし、扱い方を間違えると、真逆の結果をもたらすので注意が必要です。

あなたの人生がこれまでうまくいかなかったのは、このせいかもしれません。

たとえば、あなたが「自分さえ良ければ」という意識を心の底に抱えて、「お金持ちになりたい」と望んだとしましょう。

意識はフォトンとなるため、あなたから「自分さえ良ければ」の波が発振されます。

すると、同じ振動数の「自分さえ良ければHz」の人たちと呼応することになり、「わがままなお金持ち」が集まってきたり、「自分の利益しか考えないお金持ち」たちと足の引っ張り合いになったりします。その結果、かなり苦しい人生となっていきます。

「お金持ちになりたい」と望むこと自体が悪いわけではありません。どのような意識から「お金持ちになりたいのか?」が重要なのです。

「自分を生かし、悦びのもとで経済が活性化し、周りの人々にも悦びが広がりますように」という意識でいれば、その波が発振され、同じヘルツの人たちがそれに呼応します。その結果、共振した波は強まり、とてもスムーズにお金持ちになれるというわけです。

「愛」や「感謝」が最強なのはこのためです

これがあなたの「意識」(フォトン)が引き起こす現実です。

自分さえ良ければいい、という思いから発する波は、あなたの人生をつらくします。

だからこそ「愛」や「感謝」なのです。

あなたが「愛」や「感謝」のヘルツ（Hz）を出せば、「愛・感謝Hz」の人が集まります。「私は私を生かす」「天の意志のもとで働く」という振動数には、「あなたを生かすHz」の人が集まり、あなたを生かしてくれます。さらに、天（ゼロポイントフィールド）から情報やエネルギーがもたらされます。

これは妄想ではありません。量子力学が教える事実です。

もしあなたが、今の「うまくいかない人生を好転させたい」なら、あるいは「なりたい自分になる」には、最も高い振動数である「愛・感謝」のヘルツ（Hz）を響かせていくことです。あなたの心（メンタル）を「愛」や「感謝」で満たしていくほど、あなたの時間も空間も濃くなり、目標はどんどん達成しやすくなります。

さらに「愛・感謝Hz」の方々とご縁を結び、一生幸せに過ごせるようになります。

「愛」や「感謝」が最強なのは、このためです。悦びの波を周囲にどんどん広げながら大きなうねりをつくり、あなたを幸せにしていきます。

おわりに

私は月曜日から土曜日まで、仕事でメルマガを書くことを日課にしています。「しんどくないですか?」とよく聞かれますが、そう思ったことはありません。その先にはみなさんの幸せと、地球の平和が続いているのが、確実に見えているからです。

「これで何人もの人が楽になる。幸せになる」。そう思うと、とっても楽しいのです。

私たちの出しているフォトンが「平和」であれば、地球の平和は実現されていきます。「フォトン」=「意志」のエネルギーで「モノ」がつくられていくからです。

地球上にはたくさんの悲惨な状況がありますが、みなさんには「愛、感謝、平和、調和」へと意識を向けてほしいと願っています。ひとりひとりが「愛・感謝Hz」の波を飛ばすことは、それが広がり、地球の振動数を「愛・感謝」にすることでもあるのです。

量子力学的に見れば、それは、あなたが地球平和に確実に貢献しているということです。

地球を「愛・感謝」の星にしていくこと。私たちが生きている間に、それを達成してみませんか。ひとりひとりの意識が変われば、十分に達成できると、私は思っています。

伝えたいことは山ほどあるのですが、最後にもうひとつだけ話します。

「自分を生かす」というモードで日常を送るようになると、あなたは自分自身も、あなたの周囲や環境も、そして状況や結果も、どんどん変わってくることを実感します。

「ゼロポイントフィールド」側とつながり、あなた自身が「生かされている」という実感を得られるようになるでしょう。でもその先には上位概念があります。

それは「守る人がある」「守るものがある」ということです。

この領域にたどり着いたあなたには「自分を生かすエネルギー」にプラスして「利他のエネルギー」が加わることになります。すると「ゼロポイントフィールドとつながる」とか「ゼロポイントフィールドから情報やエネルギーをもらう」という状態から、「ゼロポイントフィールドに浸って生きる」という状態へと、世界が変わることになります。

こうなると次のようなことが起こります。

・疲れなくなる。

・アイデアがどんどん湧く。

・相手の喜びが自分の喜びになる。

疲れなくなると、自分の体に優しくなるので、無理をしなくなります。体はあなたの「意識」の発振源ですから、無理や我慢を強いられることがなくなり、周囲はあなたを丁寧にもてなすようになります。「根性」とか「意地」とはまったく違う境地です。

そんな状況で「あなたが、自分を最高に生かす」とき、あなた発振の波には、最強の波である「愛」が広がっています。

あなたの出す「愛」の波に、周りの「愛」の波が響き合います。

あなたが守るもの、守る人からも、あなたに向けた「愛」の波が戻ってきます。

それは、とても心地よいものです。

地球上のすべての人がこのような境地や状態になったとき、戦争も自殺もなく、不健康な状態もなく、批判も攻撃もなく、人が人を裁くことのない世界になるのでしょう。

最後までお読みいただき、ありがとうございました。本書が少しでもあなたのお役に立てることを心より祈っています。

二〇二一年二月吉日

村松大輔

「村松大輔公式LINE」無料登録

https://lin.ee/Jy4bjwFV

QRコードでLINEの友だちを追加

LINEアプリの友だちタブを開き、画面右上にある
友だち追加ボタン＞[QRコード]をタップして、
コードリーダーでスキャンしてください。

〈著者紹介〉
村松大輔（むらまつ・だいすけ）
一般社団法人開華GPE代表理事。1975年、群馬県生まれ。東京大学工学部卒業後、父の経営する金属製造業の会社に勤めるもうまくいかず、勤続13年を超えた頃についにうつ病を患う。その後、参加したセミナーで自分が自分を大切に扱うことを学び、うつ病も克服。2013年、脳力開発塾「開華」を設立。学力を伸ばすだけでなく、量子力学をベースとした脳力開発を目的とした学習塾スタイルを提唱する。成果はたちまち現れ、偏差値80台の生徒をはじめ５教科で学年トップを記録する生徒を多数輩出。また、スポーツでもフェンシング日本代表、空手道個人組手全国大会出場、卓球全国大会出場、レスリング東日本大会優勝など、多数の塾生が目覚ましい成果を上げる。その後、小学校から大学、企業の新人研修や幹部研修、経営者が集まる倫理法人会などさまざまな現場から講演依頼が殺到。YouTubeで配信しているセミナー動画では延べ100万回の再生数を記録するなど、その評判はさらに広がりを見せ、全国各地に活躍の場を広げている。著書に『「自分発振」で願いをかなえる方法』（小社）、共著に『人生を悦びに変える 波動とエネルギーのレシピ』（あすか書院）がある。

時間と空間を操る「量子力学的」習慣術

2021年 4 月20日　初 版 発 行
2024年 4 月10日　第18刷発行

著　者　村松大輔
発行人　黒川精一
発行所　株式会社 サンマーク出版
東京都新宿区北新宿 2-21-1
（電）03-5348-7800
印刷・製本　三松堂株式会社

ISBN978-4-7631-3827-9　C0030
ホームページ　https://www.sunmark.co.jp